中高年のための
安全登山のすすめ

はじめに

登山を始めて四十数年になる。ヒマラヤをはじめ海外の山を登ってきた経験を生かして十数年前から登山講師を務めているが、教える立場になって、曖昧だった知識に気付かされたことも多い。それらを一つひとつ検証しながら、安全に登山を楽しむノウハウを再確認してきた。

二十五年ほど前から中高年の登山ブームが始まり、近年は若い登山者も増えている。ツアー企画が盛んになり、登山ガイドを職業とする人が増えた。登山用品は軽くコンパクトになって材質、品質も格段に良くなった。しかし、登山の事故は増えている。要因は登山人口の増加ばかりではないと思う。最近の登山ブームの中心はガイドと客の関係になっていて、安全のために必要な知識や技術の習得など面倒なことには触れずにおこうという傾向になっている。そのことが、事故が減らない要因の一つになってはいないだろうか。

私はレクチャーするときに、「昔から……」という言葉を口に出すのを戒めていた。思い出話は意味がないと思っていたのだ。しかし、講座の資料作成や本書の執筆の中でも、昔から受け継がれた知恵や技も含めて伝えたいという気持ちが強くなった。私が代表を務める東北アウトドア情報センターでは、安全登山シンポジウムや福祉登山を開催してきたが、それらの活動も安全登山を追求する機会となった。

体験から得た安全登山のための知識や技術をまとめようと執筆に取り組み始めた直後の二〇一一年三月十一日、東日本大震災が発生した。身内も含め、多くの友人、知人が被災した。地震後の約一ヵ月間は身辺のことに追われながらも、私なりに支援活動を展開してきた。ようやく落ち着くようになって登山を再開したが、災害時も含めた「安全と危険回避」のことが頭を離れなかった。以前から登山やアウトドアの知識が災害時に生かせるのではないかと思っていたが、今回の地震で、さまざまな情報に接して検証できた部分もあったので、本書の項目として加えた。

登山の安全を考える人たちだけでなく、日々の生活の健康面と災害への備えに少しでも役立てていただければ幸いである。

目次

第四章　災害時に生かす
アウトドアの知識・技術……201

表紙は、白馬岳（2,932.2メートル）山頂直下を下山途中の風景。手前左の山が杓子岳（2,812メートル）で、奥の日差しを浴びた山は白馬鑓ヶ岳（2,903.1メートル）。その後方には穂高連峰が連なり、右手には立山連峰、剣岳が見えていた＝2002年8月29日撮影

第一章　安全登山の基礎知識

登山前後にストレッチ＝鳥海山の登山口

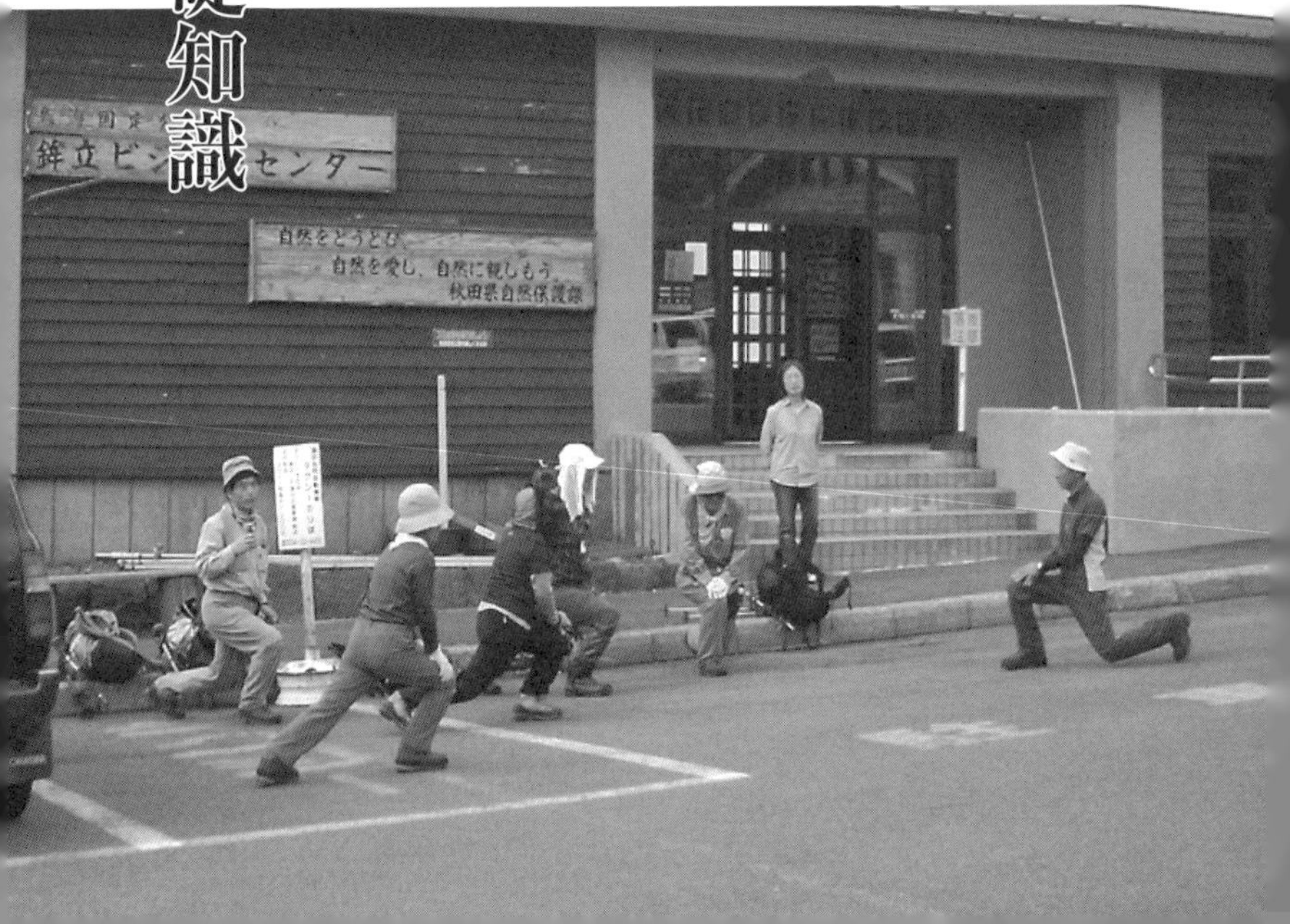

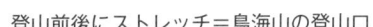

歩き方にも技がある

私たち数人は立山連峰の室堂をスタートして剣岳方面に向かっていた。途中、急峻な谷を見下ろせる場所に腰を下ろして休息を取った。談笑しながら周囲の景色を見ていたが、かなり下の河原を横切る一人の姿が目に入った。

私たちは同時に「うーん」と唸った。言葉では具体的に表現し難いが、その歩き方が並みではないと感じたのだ。

当時、私は二十九歳。同行した仲間は一年後にネパール・ヒマラヤに行こうとするメンバーで、訓練合宿中のことだったが、そのときのことは今でも鮮明に記憶にあって時々思い出す。歩き方にも技がある。登山にも、職人のように年季や場数を必要とする知識、技術があることを知らされた出来事だった。

若い頃に読んだ「登山技術」の本には、冒頭に写真やイラストで「歩き方、足の運び」の説明があるものが多かった。近年の本にあまり見られないのは、重視されていないからだろうか。私が実施している講座では足の運び、登り方をレクチャーしている。自分の歩き方がすべてに通じるとは思わないが、他人の良い、悪いは見抜ける。

悪い歩き方とは、①歩幅が広い②急ぐ③体が安定せず揺れたり弾んだりする④ながら歩きをする――などである。もちろん、「跳ぶ」「走る」もいけない。街中での道路や地面とは状況が違うので、歩幅は狭くすべきだ。「急ぐ」と「速い」は別である。気持ちがせくと歩幅も広くなり呼吸も乱れる。

ストックの長さを調整したり、衣類を整えたりしながら歩く人をよく見掛ける。遅れまいと、小走りする人もいる。「ながら歩き」は転倒のもと。作業は足を止めてザックを降ろし、落ち着いて行う。地図を手にしながら歩く人もいるが、地図を見るときは止まってしっかり見る。見ないときは紛失しないようザック内にしっかり保管することだ。

周囲の地形を見て位置の確認をしたり、風景を眺めたりするときも、「見るときは立ち止まる」と教えている。足元の確認がおろそかになるからだ。私自身もバランスを崩すときがある。だいたいは「よそ見」からである。

足の運びは急斜面では直登せずにできるだけ「ジグザク」に登るのがよい。階段、または階段状の山道では、やや半身になって右、左と足の向きを変えて歩く方が、足の筋肉をバランスよく使うことができる。足をまっすぐに維持したままの姿勢で登ると、ふくらはぎがすぐパンパンになる。少し右を向いて登り、左に姿勢を変えて登れば筋肉の負担は少なく感じるはずだ。

説明だけで身に付くことではないが、歩き方、登り方に良い、悪いがあることを知っておくべきだ。良い歩き方とは、①歩幅を狭くする②ゆっくり歩く③足の運びを安定させる④ながら歩きをしない――ことである。そして、リズム感を持って、呼吸、心拍数を乱さないように歩きたい。歩行に関しては、第三章「登山の応用知識」の中でも、さらに説明する。

山のマナー十七ヵ条

登山には他のスポーツのように決まったルールやセオリーがない。だから、古くからある「山の会」や各リーダーによっては独自の規則を決めているケースもあれば、慣習や暗黙のルールもある。私の場合は活動の場としてきた東北の山に適した知識と、目標にしてきたヒマラヤ登山にも通じる知識をプラスした「八嶋流」である。

安全に楽しく登山するためには、マナーや道徳、常識を知ることは当然だが、知識を鵜呑みにしたり、ただ付いて歩いたりするのではなく、よく理解して、最終的には「自己判断」をすることが大切である。

(1) 登山は自己責任で

昔から「登山は自己責任で」と言われるが、このことを、昨今の登山者はどう認識しているだろうか。旅行会社などのツアー登山では「旅程以外の登山口からの行動は各自の責任で」と明記されていることもある。

案内板をよく見て出発＝鳥海山登山口

旅行感覚で山に入り、「標識がない」「施設が不備」「登山道が整備されていない」など、不満や苦情を言う人も少なくない。山は国有林が多いが、林業を営む人々や山麓で生活する人の所有だったりもする。その領域を登らせてもらっていることを認識すべきだ。山では実社会でのルールや安全性は通用しないことも多いし、管理が行き届いた施設も望めない。舗装された道と違い、石、岩が多く路肩が切れ落ちた道も歩く。登山道での転倒、転落などはバランス、脚力の問題で、自己管理しかない。

(2) 動と静の切り替え

歩き始めはできるだけゆっくり歩くことが大事である。体はまだ「歩きモード」になっていないので、「ダラダラ歩き」でもよい。徐々に体温が上がり、リズムが出てくる。

登山での休息は身体、特に足を休めるのが目的だが、中には立ったまま休む人を見掛ける。私は「休息時は体重と荷物から足を解放させよう」と言って、座らせることがよくある。

通常の日帰り登山では荷は軽いが、縦走登山などの重装備では荷物が肩に食い込み、休息ではドッと座り込むようになる。そのような登山を経験していると休息の意味が理解できる。登山に限らず運動と休息はトータルに考えるべきで、疲れたら休むのではなく、一定のリズムで行うのが望ましい。身体だけでなく、気持ちの上でも「動と静」の切り替えが随時、必要となる。

リーダーやガイドは休息時にメンバーの状況を把握する必要がある。だから休んでいられないときもあるが、腰を下ろして休むお手本を見せるべきである。

まず、歩き始めて十〜十五分後に早めの休みを取ろう。「なぜこんなに早く！」と思う人もいるはずだが、歩き始めると体温が上がるので衣類を一枚脱ぐこともあり、荷物の出し入れなど各自調整できる。このときにメンバーの体調を確認する。不調者がいれば様子を見るか、状況によっては戻るなどの早い判断ができる。

休みは歩行三十〜四十分に一回の割りで取るのが望ましい。あまり長くならないように五分程度にして、歩くリズムを維持することも大事である。

リーダーによっては時間を決めて、「何時何分まで」と告げる場合もある。長さによって「大休止」「小休止」という言葉もある。休息時には適宜、食料、飲み物を摂る。分岐点や展望のいいところでは登山ルートの確認なども必要なので、ザックを降ろして休息しながら地図を広げてコンパスとの照合をしっかり行うべきだ。

休憩は小屋や休憩所などが望ましいが、登山道で休むことも多い。安全でスペースのある場所を選ぶ。景観が良好ならさらによいが、場所選びを優先して休みを先に延ばすのはいけない。

「立ち休み」というのがある。急斜面が長く続く山道で、荷を降ろさずに立ったままで一時休息や息を整えることである。グループで行う姿を見掛けることがあるが、各自が適宜行うことであって、ガイドやリーダーが声を掛けて皆でやることではない。個人差があるので、そのような休み方、呼吸の整え方があることを伝えるだけでよい。

私は「山頂前でひと休み、登山口前でひと休み」と言って、メンバーを休ませることがある。間もなく山頂だと思うと、つい無理をする。急ぐと呼吸が乱れ、リズムが狂う。また、先行する仲間やリーダーが「もう少しだから頑張って」と言いがちである。しかし「偽《にせ》ピーク」という言葉がある通り、下から見てピークだと思っていたら、その先に尾根が続いていたという経験は誰にでもある。そのとき、どっと疲れを感じる。

下りも同様で、「間もなく登山口だ」と思うと無理をする。下りは足への負荷が高い。体力、脚力の限界に近いメンバーがいるかもしれないし、転倒の危惧もある。目前に登山口や駐車場が見えても休む判断が必要なときもある。

「見晴らしのいい山頂でゆっくり昼食を」と予定しても、時間内にたどり着けない場合がある。空腹の状態で登るのは避けるべきで、途中であっても早めに判断して昼食タイムにしたい。空腹では力が出ないし疲労にもつながる。朝早く出発することが多いので、昼食は正午にこだわる必要はない。食料の詳細については「山での食料」の項で説明する。

私は休息時にザックの上に座る習慣があるが、マットなどを持参するのもよい。道を塞いで弁当などを広げているグループをよく見掛けるが、往来する登山者に邪魔にならないよう脇に寄るべきである。

小休止

山言葉で「ひと休み」のことを「一本《いっぽん》」と言う。これは、山小屋などに品物を担ぎ上げる「強力《ごうりき》」という職業に由来する。強力の中には八十キロも運ぶ人がいたそうである。あまりに重いので簡単に荷を降ろしたり、担いだりの作業ができない。そこでいつもT字型の杖を持って歩き、休むときは背中の大きな荷物の下に差し入れ、立ったまま休んだという。それで「一本」の言葉が伝わった。登山では「よし、ここらで一本」といった使い方をする。この強力の姿は穂高岳などでまだ見られるが、今はヘリコプターでの輸送が主体となっている。

鳥海山の登り口

（3）登り優先は臨機応変に

朝日連峰の急な登りでのこと。上でじっと待つ登山者がいた。私たちのグループは重い荷でゆっくり登っていたので、「どうぞ、下りてください」と声を掛けたが、「登り優先だから」と言って、私たちが通り過ぎる間の長い時間を立って待っていた。

登山者が擦れ違う場面では、必ずしも「登る人を上で待つ」ということではなく、「登りの安全に配慮する」という意味にとらえるべきである。登り下りはスピードが違うので、場所によっては下りを優先した方がいいケースもある。

登りの登山者と出会ったときは道をふさがないよう脇に寄って、足元からの落石に気を付ける。下りが先に下りる場合は「すみません、先に下ります」と声を掛ければよい。

人気の山は登りも下りも登山者が長く続くことが

ある。多人数のグループでは、少人数の登山者をまず通してあげる配慮も必要だ。リーダーは、長い列にならないよう人数を区切るのも方法である。お互いの判断で、臨機応変に対応すべきである。

山中で人との出会いが少ない時代があった。「登山者は寡黙」といった印象もある。だから「山でのあいさつ」と、言われるようになったのかもしれない。近年は多人数のグループに出会うことも多い。「こんにちは」のあいさつも適宜対応すればいいと思う。

山での登山者との出会いは情報交換の場ともなる。これから向かう登山道について聞いておけば安心だ。私はよく「地元の方ですか」と声を掛ける。高山植物や里山の歴史など、ガイドブックにない思わぬ情報を得ることもある。

（4）人為的騒音

静かな景観と自然が奏でる音は山の楽しみの一つだが、人為的な騒音に邪魔されることも多い。おしゃべり、熊避けの鈴音やラジオなど、度が過ぎると迷惑である。携帯電話は、非常時の連絡用として必携品だが、使用の際は周囲に配慮すべきだ。特に山頂など憩いの場所では注意しよう。

歩行しながらのおしゃべりも登山の楽しみの一つかもしれないが、夢中になり過ぎて登山して

吊り橋を渡る＝朝日連峰、祝瓶山の登り口

いることを忘れているかのような人たちもいる。注意力が散漫になり、リーダーの伝達や注意を促す言葉も聞いていない。

ときには相手の話を制止して、山道での注意を伝えたり、他からの情報に耳を傾けたりするなど、安全優先でいつも気持ちのスイッチを切り替えられるようにしたいものだ。

(5) 隊列の歩き方

隊列で歩く場合、私はたびたび「離れて歩くように」と注意するが、どうしても前の人にぴったり付いて歩きがちだ。距離が近いと、立ち木、枝の跳ね返りが当たることもあるし、ストックがぶつかる危険もある。お互いの体の動きにも支障が出る。隊列では数人分の間を開けて歩く習慣を身に付けよう。

丸木橋や朽ちた橋を渡るときは、強度の問題があるので、一人ずつ渡ることが望ましい。雪渓や不安定な残雪も同様である。

海外のトレッキングルートの橋や吊り橋では「6 Person（六人まで）」といった表記を見ることがある。「多人数で乗ったり、渡ったりしないように」と注意を促している。ロープや鎖、はしごも同様である。より安全を期する考え方と姿勢が必要だ。

（6）自分のリズムで

歩くスピード、休息の頻度やタイミングにはもともと個人差がある。しかし、グループ登山では安全面や統率する意味で、足並みを揃えて歩く、いわゆる「隊列」で歩いてもらうことになる。

私はぞろぞろ歩くのは好まないので、小グループに分けたり、前後、中間に無線機を配置し、その間で歩いてもらったりしている。無線機は資格不要の「省電力無線機」で、数台用意して持たせることもある。そのうえで、メンバーには自分のペースで歩くように伝える。そうすれば先頭をあまり気にせずに歩けるし、安全も図れる。

よく見られるのは、歩き始めに先の人に追い付こうとして急ぎ足になったり、小走りになったりする姿である。一度、自分のリズムを乱すと回復するのに時間が掛かるし、後々まで影響する。前にも述べたように、歩き始めはゆっくり歩くことが肝心だ。

遅い人に合わせるやり方もあるが、範囲を決めて、その区間を各自、自分のペースで歩くのが理想である。遅い人や心配な人の後ろを付いて歩くとペースを乱しかねないので、すこし距離を置いて見守るとよい。

「自分のペース」とは、前後のペースに惑わされることなく、自分のリズムを知って、周囲にも理解してもらう行動を取ることである。

(7) 遅れるときは声を掛ける

暑さ、寒さの調整のため着替えをしようと道の脇に寄ってザックを降ろすこともある。トイレもあるし、写真撮影などで立ち止まり、時間を取ることもある。そんなときは必ず前後の人に声を掛けておこう。

船形山を登ったときのことだ。メンバーの一人がなかなか下りて来ないので、「何かあったのか」と心配して戻って見ると、本人は「写真を撮っていました」と、平然としている。一言あれば待つ方も違ってくる。

(8) 落石に細心の注意

人気の高い北アルプスの穂高岳に「ザイテングラード」と呼ばれるジグザグの登りのルートがある。かつて、そこで人為による落石があり、下にいた登山者を直撃し、命を落とすという事故

白馬岳の大雪渓を下る。すぐ近くには落石が……

があった。砂礫や岩場の通過では細心の注意をして足を運ぶべきで、浮石を抑え込むように小刻みに歩き、ときには手でどけたりすることもある。もし石が落ちてしまったら、間髪を入れず「らく（落）！」と大きな声で知らせることが大事だ。

特に穂高、立山連峰では岩場ルートの事故が絶えない。白馬岳の大雪渓では、周囲に落石や雪のブロックが散乱している中を登ることになる。人為落石に限らず、落下を発見したら自分たち以外にも及ぶことがあるので周囲に声で知らせる習慣を身に付けておこう。

(9) 植生を守る

可憐な高山植物との出合いは大きな楽しみだが、中には絶滅が懸念される種も多いと聞く。盗掘や平然と持ち帰る人もいるらしいが、岩石の採取も含めて犯罪行為である。

植物の種子が別の山域に移動するのを防ぐため、下山後、登山靴の土の汚れは靴裏の溝まで丁寧に除去し、次の山に備える。

海外の話になるが、トレッキングで人気があるニュージーランドでは、食品の種類によって入国検査時に持ち込み禁止となるものもあれば、登山靴の汚れを厳しくチェックされたりもする。通関で容赦なく食品パックや果実類を取り上げられたり、登山靴の汚れを指摘されたりし、消毒のためか、別室に運ばれるのを見たことがある。これは国内の農産物を守る政策だが、植生を守るということでは同様だ。「登山道から外れないで歩く」「湿地帯や花畑に入り込まない」といったことも大事で、植生を守る考えを登山者間で広めるべきだと思う。

(10) ごみの持ち帰り

おにぎりの梅干や果物の種を「口から吐き捨てた」ことは、私もある。ごみに対する考えが足りなかった昔の話だ。

まず、ごみ袋を必ず持参すること。収納する袋がないと、つい捨ててしまいかねない。山小屋などで「ごみ入れ箱」があっても、自分のごみはできるだけ持ち帰るようにしたい。登山者の中には落ちているごみを拾い集めて下山する奇特な人もいる。いつもザックの外側にごみ袋を下げ

トイレ対策が万全の利尻岳

ている。その行為には頭が下がる。登山道で目に付いたごみは一つでも二つでも持ち帰ろう。

（11）山でのトイレ

トイレは登山口の前で必ず済ませておく。登山中のトイレは施設があればいいが、ない場合は登山道以外の野外ですることになる。トイレは、山言葉の隠語で「花摘み」や「キジ打ち」と言う。

使用したペーパーは持ち帰るのがマナーだ。そのためにはペーパーを入れる袋を用意し、持ち帰る袋とセットにしておくと便利である。大便の後は石や枯葉で覆うなど配慮をする。

トイレ設備のあるところでは必ず水溶性のトイレットペーパーを使用する。ティッシュペーパーは吸水性が悪く、水に流せない種類が多いので注意したい。

利尻岳の中腹に設置されたトイレ

利尻岳山中のトイレ内部

日本最北の山、利尻岳では携帯トイレを配布し、登山口ですべて回収している。早池峰山でも使用を勧める運動をしている。山のトイレは今後の大きな課題といえる。

(12) 雨対策の傘、ポンチョは?

ガイドブックの中には「場所によって折り畳み傘が便利」と記述しているものがあるし、使用を勧めるガイドやリーダーもいる。登山口までの林道や散策路ではいいかもしれないが、傘は登山で使用しないのが常識だ。登山にはしっかりした登山用のレインウエア(雨具)が必携だ。

傘を差すと狭い山道では擦れ違うのが難しい。上部、両サイドの視野が狭くなる。風にあおられる。バランスを崩したときに手が塞がっているのはマイナスである。ちなみに、警察官、自衛官は業務時の傘の使用を認められていない。安全性と自分を守るためだ。訓練を受けた制服組が禁じられていることを参考にすべきだ。

ポンチョは昔よく使われた雨具だが、登山には適していない。キャンプや林道、散策路ではいいかもしれないが、登山では多方面から風雨が入るし、下部分が開いているため、あおられることもある。裂けやすいため、破損したまま使用している姿をよく見掛ける。

本格的な雨具を準備するほどではないと思ったり、一時的に準備したりするなら、コンビニで販売している上下組みの安価なビニールがある。ただし強度が弱く、壊れやすいことを知ったう

雨具に身を固めて出発＝焼石岳登山口

えで、使用の判断をしてほしい。

⒀ 山の自然を甘受しよう

登山中、または山頂で「晴れればよかったのに」とか「雲がなければ」「虫がいなければ」とぼやく声を聞くことがある。

山の魅力はその時々の自然環境である。小雨のときは高山植物が生き生きとする。曇も、風も、強風も、雨も、見方を変えれば自然の息遣いとして楽しめる。「晴れ」だけを期待しないで、気持ちを切り替えることと、多様な自然を観察する心が大事だ。

登山に来る人々の環境はさまざまだ。仕事、家族の理解、健康面を気にせず「いつでも自由に」という人は少ないはずだ。「山に来られるだけで幸せ」という声も聞かれる。気持ちが変われば、楽しみ方も変わってくる。

トムラウシ山のヒサゴ沼に立つ避難小屋

(14) 山小屋での配慮

山小屋や避難小屋では、先に席取りした方が優先とは限らない。緊急性とまではいかなくても、入ろうとする人がいたら互いに詰め合って入れるべきだ。中には体が不調な人がいるかもしれない。混んでくれば、先に入ったグループは入れ替わって譲る気持ちが必要だ。

屋久島登山など人気の山小屋泊はぎゅうぎゅう詰めとなる。有料の小屋はともかく、避難小屋などは入り切れずに小屋の外に寝る人もいる。小屋での食事の用意や早朝の出発に慣れていないと迷惑を掛ける。

トムラウシ登山のとき、私は「音を立てずに出発する法」をメンバーに教えた。それには、寝る前の準備と小屋を出るまでの想定がポイントとなる。小屋の二階に寝た私たちのグループ七人は、まだ暗い四時に起床。静かに準備して冬用の出入り口である壁のはしごから順次、外に出た。小屋から少し離れたところに集合して人数をチェックし、登山を開始した。早朝、小屋のそばで話すのは控えるべきだ。

夜遅くまでの話し声や笑い声、調理作業の音は最小限に抑え、就寝前に枕元の整理をし、ライトなどの準備を怠りなくすれば、あまり迷惑を掛けず行動できる。

(15) 喫煙と火の注意

夏に五人のメンバーと北海道の利尻岳に登ったときのことだ。狭い山頂の周囲は切れ落ちていて危険もある。慎重な行動を取りながら山頂からの三六〇度の景観を楽しんでいた。そこにツアーのグループが次々に登って来た。先頭のガイドが大声で注意を呼び掛けている。私たちは「山頂の混雑を避けて早く登れてよかった」と話しながら、入れ替わるように下山に掛かった。振り返ると、先ほど諸注意をしていたガイドはたばこを吸って悠々とくつろぎ、その煙は容赦なく山頂に漂っていた。

山に限らず喫煙者への制限は厳しくなっているが、新鮮な空気を求めて来る登山者が喫煙者に煙を流されては大迷惑なことである。

もう一つ重要なことがある。山火事を含む火災の大きな一因がたばこである。たばこの火は消したつもりでも、布団の中や枯葉の中では数時間以上も経過してから発火することがある。山でのたき火の場面やその痕跡を目にするが、厳禁である。

(16) 犬同伴の登山

遠方から山仲間が来たので、半日だけだが仙台市内の里山に案内した。一時間ほどで登れる標高の低い山で、麓には団地が広がっている。山頂から広い山道を談笑しながら下りて行くと、見晴らしのよい樹林帯で下からすごいスピードで猟犬風の犬が駆け上がって来て恐怖を感じた。すぐに下から大きな声で犬を呼ぶ声が聞こえ、犬は足を止めて駆け戻って行った。下りて行くと犬と一緒の家族が、私たちに与えた恐怖も知らず、にこやかに散歩中であった。

山道で出合い頭に犬が出現して驚くことはたびたびある。ロープを外して自由に登らせて平然としている人もいる。私は海外の山々をたびたび登っているが、完全に自由にさせている犬や野犬が多く怖い思いをすることが少なくない。現地は治安の問題もあるので、やむを得ないと思っているが日本は違う。

キャンプ場や散策路など、一般社会施設の範囲内ではしっかり犬を管理していれば問題はないが、登山口を入れば一般社会とは異なる地域である。自然保護や野生動物の生態への影響も懸念される。「犬は家族と同じ」という考え方に反対するつもりはない。が、ロープを付けているといっても、周囲の人間よりも「犬優先」になってはいないだろうか。

(17)不安、不備は早めに伝える

登山での緊急事態を避けるため、早めにリーダーに伝えてほしいことがある。

旅行会社の依頼でスイス・アルプスに行ったときのことである。参加者の一人が帰路の飛行機の中で、「実はニトロを持っています」と伝えて来た。リーダーとしては早く知っておきたかった情報である。

緊急対応の持病薬を持っている人は必ず事前にリーダーに知らせ、「ザックの雨ぶた」などの保管場所も知らせてほしい。忘れものや携行品の不備、食料、飲料水の不足も同様だ。体の不調も早めに知らせてほしい。早めの対応で、遭難などの最悪の事態を未然に防ぐことにもなる。

山での食料

登山での食事は日常の「習慣」にとらわれないことが大事だ。エネルギー補給の方法を理解していないと、疲労や熱中症、足つりにつながり、遭難の原因となることもある。

(1) 行動食、非常食、予備食

北アルプスの白馬岳登山をする二十人ほどのグループに講師として同行したときのことである。栂池から登り始めたが、ほかの人から遅れてゆっくりした歩調で登る一人の女性に付き添うことになった。体が不調ならば登山口に戻ることも考えたが、「大丈夫です」と言うので様子を見た。話を聞くと、彼女は「朝食は食べていないし、今も食欲がない」と言う。持っていたゼリー状の補助食を渡して口に流し込んでもらうと、すぐに足取りがよくなり、順調に登るようになった。先行グループには追い付けなかったが、遅れながらも宿泊地である山頂小屋に無事到着できた。エネルギー補給の即効例である。

世界遺産で知られる白神岳登山に同行したときは、初日に十二湖やブナ林を見てから山麓の宿に泊まった。翌日はまだ薄暗い早朝に、宿泊所で用意してもらった朝食と昼食の「おにぎり弁当」を持って出発したが、最初の休息地でおにぎりを食べようとした人に、現地のベテランガイドが「待った」を掛けた。「この先に沢があるから」とのことだった。私は講師の立場として「食べるのは自由にさせてください」と頼んだが、ガイドは譲らない。弁当を開けようとした人は食べるわけにもいかずザックに仕舞い込んだ。それから三十分登って、ようやく沢水のある場所で食べることができた。登山ガイドは年配者で、「沢のあるところで、美味しい水と食事」という考え方があったと思う。

これには二つの問題がある。一つは、登山の食事は必要に応じて随時摂るのが望ましいということだ。登山は起きる時間が早いので、早めの食事でエネルギーを補給する必要があるが、個人差があるので、個人の判断に任せたい。この考え方を仲間が理解していないと、視線を気にしておにぎり一つ食べられない。

もう一つの問題点は「沢の生水は飲まない方がよい」ということだ。昔は私も沢水や湧き水を利用したことがある。衛生面での認識が不足していたときのこと。よほど不足した場合以外、生水は飲まない方がよい。可能であれば煮沸して飲用すべきだ。

山での食料は、通常「行動食」「非常食」「予備食」の三つに分類する。行動食には昼食となるおにぎりやパンなどの主食類とおかず、菓子や飴なども含む。昼食ではなく行動食と呼ぶには理

虎毛岳山頂での昼食タイム

由がある。登山は通常生活と違う。未明または早朝の出発となるので、一般的な昼食時間、正午まで待つとなると、空腹になり過ぎ、歩く力も出ない。

通常と違う点はもう一つ。登山は通常のスポーツと違って激しい運動ではないが、汗をかくほどの運動が長く続くので、それに適したエネルギー補給が必要となる。成人の摂取カロリーの目安は千八百〜二千五百キロカロリーといわれるが、運動量によって増やす必要がある。歩行の途中で休息時に少しずつ分けて食べ、同時に水分を摂ることが望ましい。だから行動食である。ツアー登山では「山頂で昼食」の設定が多い。「昼食タイム」であっても一度にたくさん食べることは避け、途中で食べておく方がよい。

非常食はいざというときに食べるものなので、非常時以外は手を付けずに持ち帰る。具体的な食品は行動食と同じでもよいし、乾パンやチョコレートなど、保存可能なものを毎回持ち続けるのもいいだろう。蜂蜜やチューブ入りのミルクなどは吸収が早い。要は、ザックの中で非常食を分けておく習慣をつけることだ。登山中に手を付けないで済んだら、帰りの車中や家で食べればよい。

予備食は山中泊のときなど、計画的な食品とは別に分けて用意するものだが、必ずしも必要ではない。例えば、朝晩のメニューに基づいて人数分の量を計画的に準備するが、不足することを考慮して、少し余分に用意したり、漬物などの副食を適宜準備したりすることである。すべて計画的に数字で管理するだけでなく、柔軟に対応する一つの方法である。予備食があって助かることもあるし、使用しないまま持ち帰ることもある。

小休止

「シャリバテ」という山言葉がある。シャリはご飯のことで、バテは「ばてる、疲れ果てる」。食べないと力が出ないという意味だ。これは登山に限らず、体力勝負のスポーツや土木作業員の間でも使われた言葉だ。ヒマラヤ登山では「食べないやつは使えない」という話をよく聞いた。高所で過酷な環境下では食欲は落ちる。それでも、食べる意欲とコンディションづくりができない者は登ることはできないのだ。

（2）水分と塩分

必要な水分は食料と同様に個人差があるので、随時、自分の判断で補給しよう。「水は我慢する」という間違った知識が伝わっていた時代もあった。「喉の渇きなどは根性で乗り越える」といった乱暴な考えだったのだろう。学校の部活で熱中症により死亡したケースが一度ならず報じられたが、スポーツのリーダーは水分補給の大事さを伝えるべきだ。

喉が渇いたら飲むのは当然のことだが、「渇く前に補給する」という考え方が大事だ。少しずつ、なめるように頻繁に、一日一～二リットルを目安に飲むのがよい。一度にたくさん飲むと、汗や尿で出てしまう。

飲料の種類はスポーツドリンクのほかに、ミネラルウオーターやお茶などがある。お茶や水は血液を薄めるので、一緒に何かを食べるとよい。また、お茶は利尿作用があることを知っておきたい。

野外に限らず室内でも常に水分を補給する姿勢が大事だ。私はペットボトルの飲料を各種多めに買って、いつも玄関そばに切らさず置いてある。登山に出掛けることが多いからだが、身近にあればいつでも補給できる。

塩分不足になると疲労につながる。昔の旅人は「足がつったら味噌なめろ」と言って、必ず味噌や塩を持参したという。だが食生活で塩分の摂り過ぎはいけないことも分かっている。ではどうすべきか？　明解な答えは難しいが、私の場合、真夏は出発前に味噌汁など、やや塩分の濃いものを飲むようにしている。漬物を持参するのもいいだろう。

　食事や水分の摂取について要点をまとめると、次のようになる。

①登山開始の二時間前にはご飯、パンなどの炭水化物と水分を摂る。
②自分の食べたいものを主体に消化、吸収のよいものを準備する。
③水分は一日一～二《リットル》、五百《ミリリットル》のペットボトルで二～四本を持参する。
④食べ物、水分は少しずつ摂取。昼食時に一度に多く摂らずに、下山口までの全行程を考えながら調整する。夏場は塩分も摂る。
⑤湧き水や沢水は、緊急時以外、生水では飲まない。

登山用品、携行品の種類と選び方

登山用品は登山装備ともいうが、食料・飲料、医薬品などを含むので、以下、「携行品」と表記したい。夏山の日帰り登山を基本とし、冬の里山も含めて種類と選び方を紹介する。

登山用品にはメーカーも品番も同じものが多い。名前が書いてあれば確認しやすく、他の人が見つけてくれることもある。名前の書き方はマジックなどでしっかりと記入する。海外に出掛けることも考えてローマ字で苗字を書くと現地の人にも分かりやすい。初対面の参加者が多い場合、私は黄色の布ガムテープを用意して十センチほどに切り取り、ザックの目立つ部分に貼り付けて、カタカナなどで苗字を書いてもらうようにしている。そうすればお互いの名前も覚えやすい。

(1) 携行品の点検とリストの作成

忘れものがないよう、事前にしっかりした携行品リストを作成しておこう。旅行会社のツアー登山では事前にリストが届くこともあるが、すべてを網羅してはいないので、自分なりに作成するか、書き足すとよい。リストは小物(財布、現金、時計など)まで漏らさず書き入れるのがポイントである。

山に出掛ける時間は暗い早朝だったり、時間に追われたりするので、頭でチェックするよりも信頼できるリストで照合するのがよい。遠方への登山や海外トレッキングでは、ホテルの部屋に置いておく荷物など、その時々の状況で必要なもの、不要なものを仕分けする判断も必要になる。リストがあればその場で短時間に必要なものをチェックできる。

家を出てから「忘れものがないかな？」と心配になるときがある。私の場合は登山時の姿をイメージして、頭の上から帽子、サングラス、スカーフと順に持ちものを点検する方法を採っている。

ザックに詰めることを「パッキング」という。近年は装備品が軽量、コンパクトになっているので、詰め込む苦労はあまりないが、ザックの大きさによっては入らないこともある。要領としては、一つ一つを小さくまとめて分類して整理袋に入れる、いわゆる小分けをしておくことだ。例えば防寒類、薬品類をまとめておけば取り出すときに便利である。ザックの中身は自分なりに決めた順序で入れれば忘れものの防止になる。パッキングを上手に行うことが、用品の不備、忘れものを防ぐコツである。

全体の重さにもよるが、重装備のときは軽いものを下に、重いものを上に詰めれば背負ったときに安定する。私は休憩をするときザックに座ることが多い。昔から重い荷での登山が多かったためだ。地面にドンとザックを置いてその上に座る。だからザックの下には壊れないものを入れる習慣がある。

携行品のリストは登山計画書と一緒にその都度作成する。計画書に書き入れることもあるが、あらかじめ作成しておくのもよい。

グループ同士での登山では、計画書に詳細は書かず、「リスト名」だけを明記する方法もある。例えば、夏山一式、冬山一式、沢登り一式、岩登り一式など、さらに分けて夏山日帰り、小屋泊、テント泊など、季節や登山の内容別に作成しておくと便利である。ここでは、春、夏、秋の降雪のない季節で、国内の日帰り登山の場合を想定して説明する。

登山用品は専門店で店員のアドバイスを得て購入することが多いが、急ぎでなければ複数の店を見て比較しよう。専門店以外のホームセンターやリサイクルの店などでも、使えるものや応用できるものを見つけることがある。店員は必ずしも経験と知識が豊富とはいえない。知識不足や思い込みで売られることもある。できるだけ多くの情報を得て比較して準備したい。その際、「皆が持っているから」とか「勧められたから」と鵜呑みにせず、自分の判断で選ぶことが大事だ。

磨き込んだ靴、大事に使い込んだザックなど、かつては登山者の持ちものを見れば、職人が持つ道具のように、経験度が分かることがあった。今は軽くてよい製品が年々開発されていて、誰でも品質のよいものを一様に身に着けている。この本で説明するものもいずれ変わるかもしれないが、私なりの経験からアドバイスすることにした。

(2) 衣類

野外では立ち木や枝、草に触れることがあるので、長そで、長ズボンが基本である。草や藪の心配がないところでは半そで、Tシャツ、半ズボンやタイツでもいいが、ザックに長そで、長ズボンは準備しておきたい。

中間着はカッターシャツやフリースが主流である。季節や寒暖により、素材と厚さを変えればよい。

アウターとしてのウインドウエアは風のあるときや気温が低いときに使用するが、厚手よりは薄手の方がよい。雨具の併用もよいが、暑すぎたり蒸れたりすることもある。中間着のベストは季節を問わず重宝するので活用を勧める。

衣類の素材は、綿一〇〇パーセントは避けた方がよい。綿製品は汗や雨で濡れたときのヒヤッとした感触で分かるように、体温では乾燥できず、逆に体温を奪うことになる。

（3）帽子、バンダナ、スカーフ

強い日差しの中では頭部を日射病から守り、寒い日は頭から体温が奪われるのを防ぐため、帽子やバンダナの着用を勧める。タオルやスカーフでもよい。山は強風や突風もあるので、帽子はサイズの合ったもの、あご紐付きがよい。固定するための小さなクリップも販売されている。

冬は防寒用として、目出し帽や、顔全体や耳を覆うことができるものがある。寒風や吹雪のとき、ひさし付きの帽子は防寒衣フードの中でひさしになって視界を確保するので重宝する。

スカーフは首元に巻けば微妙な体温調節ができるし、男女ともにおしゃれを楽しめるアイテムでもある。スカーフを利用した止血方法を学んでおくとなおよい。

（4）手袋（軍手、オーバーミトン）

手袋は種類が多数ある。体感温度や使用感は個人差があるので、目的を考えて選択してほしい。立ち木や枝、笹、ウルシなどの植物から手を守り、虫刺され予防にもなる。岩場を通過するときに手の汚れを気にせずしっかり手掛かり（ホールド）をつかむためにも必要で、防寒対策にもなる。

安価な手袋は軍手だが、素材が綿なので濡れると防寒性がなくなる。軍手以外の手袋を用意しよう。百円ショップで見掛けるアクリルの手袋は形が小さいが伸びるので重宝する。

厚手の素材もいろいろで、毛の手袋やスキー用もある。オーバーミトンはグローブともいい、手袋の上に付ける防寒用で、風で飛ばされないように紐が付いている。寒さに対してはさまざまな厚みや仕様があるが、極寒には羽毛ミトンもある。手袋を二重、三重にすると、防寒性を高めることができる。手の体感温度や発汗など、個人差があるので自分に合ったものを選びたい。

私は寒くなると指先が冷え、血の気が失せてロウソクのように白くなることがあるので、特に用心している。ナイロン製の薄い作業用の手袋をダースで買っておき、常時使用している。虫の多い時期は手首までの長いものを使用している。これらは登山専門店では販売していない手袋だが、濡れても乾燥が早いので重宝している。作業用品店やホームセンター、インターネットなどで購入できる。

(5) 雨具

雨具に適しているのは防水・透湿性素材のもので、ゴアテックスがよく知られているが、国産品でも優れたものが出ている。防水・透湿性素材は昔と比べると格段に品質が良くなっているが、さらに防水性、防風性、透湿性が求められる。透湿性とは内部の湿気を外部に出す機能であるが、「蒸れ」については、どの製品も完全とはいえない。防水効果の劣化や汚れの落とし方など、メンテナンスの知識も必要なので、販売店に聞くとよい。

突然の降雨の場合、急いで雨具を着衣しなければならないが、雨具の着脱には早くて便利な裏技がある。雨具のズボンには膝近くまでサイドのファスナーがあるので、ファスナーを開ければ登山靴のまま履くことができる。しかし靴の出し入れに手間取ることと、雨具の内部が汚れる問題がある。そこでスーパーの袋を一つ持参し、片足ごと被せて出し入れすると滑るように靴が入り、内部が汚れずにズボンを履くことができる。脱ぐ場合も同様である。

(6) 登山靴とインソール

人の足は両足のサイズが微妙に違うし、朝夕でむくみの違いもある。登山靴を選ぶときには靴に詳しい店員に相談するのがよい。両足とも履いて店内を歩き回り、つま先や甲、くるぶしなど、当たるところがないか、多少の時間を掛けてもしっかりと点検して選ぶことが大事だ。店によってはスロープを用意しているところもあり、登り、下りの感触を確かめられる。

靴は、サイズと靴下の選択、インソール(中敷き)の使用で調整する。ここで言うインソールは一般的な靴店で販売する「中敷き」とは違う。左右とも足裏の形状を型取りして作成するオリジナルのインソールのことだ。かつて特製インソールは高価だったが、普及するようになったいまは五千円~一万円と求めやすい価格になった。歩行の安全や足の疲労防止を考慮すると、インソールの使用を勧めたい。インソールは衝撃吸収などの効果もあり、登山に限らず「足の健康」

の観点で使用が広がっている。足裏以外で当たるところがあったり、違和感や痛みがある場合は、製品によっては器具を使用して広げたり、店で調整してくれる。インソールを扱う登山専門店や靴とインソールの専門店で求めることができる。

靴の種類は登山の目的によりスリーシーズン用(春、夏、秋)、冬用、厳冬期用、高所用などがある。岩場に適した底板が硬めのタイプのほか、アイゼンやスキー板の器具が付けられるような兼用靴もある。兼用靴は「こば」と呼ばれる溝が前後にあって、ワンタッチ式の器具が付けられる。

軽登山靴はトレッキングシューズとも呼ぶが、防水されていない安価な靴が販売されていることもあるので注意したい。足首まで高くなっていない靴はハイキングならいいが、登山には不向きである。防水性のあるスリーシーズン用は、里山程度の雪山でも使用できる。雪山で使う靴は底があまり減らないので、冬山専用にすれば長く使える。

昔の登山靴はほとんどが革製品だったが、近年はゴアテックス、合成繊維やプラスチック製、革との組み合わせもある。プラスチック製はインナーシューズとの二重構造になっていて、主に冬用から高所用(極寒)を目的とするが、プラスチック部分が突然破損することがよくある。紫外線や衝撃などが原因で劣化するためで、応急用にガムテープを準備するのも一つの方法だ。

靴底にはビブラムソールと呼ばれるイタリアのゴム製品が使われることが多い。昔は革製品

登山靴。左から軽、スリーシーズン、高所用プラブーツ(インナーシューズ付き)、手前がインソール

だったため、足に馴染むまでに期間を要した。だから靴底がすり減れば、靴底だけを張り替えた。しかし、素材も変わり、全体的なつくりが良くなり、インソールで調整できるようになった今は、靴底だけを取り替える理由はあまりない。

靴底が縫い込みになっていれば大丈夫だが、貼り付けのものははがれることがある。安価なトレッキングシューズに多いが、稀に堅牢な靴でも見られる。歩行中に一気にはがれることが多く事前対策は難しい。良い品を求める以外ない。はがれた場合の応急処置としては、一時しのぎだがダクトテープ(ガムテープなど)を巻くか、軽アイゼンを装着する方法がある。

素材によって手入れの仕方は多少違うが、基本的には使用する前に防水スプレーをし、使用後に汚れを洗い落として陰干ししてから再び防水スプレーをして保存するとよい。靴も体の一部と考えて疲労や歩行バランスにも影響するので慎重に選びたい。

(7) 靴下

靴下は登山靴と関連するが、左右の足に合わせて厚手、薄手を組み合わせ、足の安定と防寒を考慮して選択する。防寒のために靴下を重ねて厚くしても限界があるので、足首の通気を抑えるとよい。スパッツの使用と長い靴下が有効だ。左右が別々になった靴下もある。形がそれぞれ違っていて、「左右」「ＲＬ」の表記もあって面白い。

(8) サポートタイツと膝サポーター

サポートタイツの着用が広まっている。ズボンの下に履いていることも多いので目に付かないが、男女とも使用する登山者が多い。単なるタイツとは違い、関節の保護や筋肉の疲労を軽減するなどの効果がある。一度使用したら離せなくなる人もいるので、その点を考慮して使用を判断すべきだ。タイツとズボンとを重ねて履くので、夏場は熱中症にならないように気を付けたい。夏場は半ズボンと組み合わせるのもよい。

膝サポーターはサポートタイツとは違い、膝部分のみに使用し、ズボンの上から着脱する。特に下山時に膝が心配だと訴える登山者は少なくない。だから私はリーダーの立場としていつも持参し、貸すことがある。心配な人は常に持参してほしいが、専門医に相談して解決を図ることも必要だ。膝サポーターは登山専門店に限らず、医療の補助品として薬局などでも販売している。

(9) サングラス、ゴーグル

紫外線、雪面の反射、吹雪などから目を守るのが、サングラスやゴーグルの役目だが、周囲の状況や目的によって選び方や使い方が異なる。雪目と紫外線については、「アクシデントと対策」の「雪目」の項を参照していただくとして、ここでは選択する種類などについて説明する。

サングラスはUV(紫外線)カットのレンズやUV処理されているものを使用する。これは製品に表記されているが、販売店にも確認しておこう。レンズの色はブラック、ブラウン、イエロー、透明などがある。夕暮れどきや樹林帯の中など、周辺が暗いときはブラックでは周囲や足元が見えづらい場合がある。雪面がギラギラと強く反射するときは強いブラックが適している。曇りの日でも紫外線が少ないとは言えないし、山の標高が高ければ紫外線量は増加する。必要に応じて使用すべきだ。目の保護のためには常時、透明のものを使うとよい。周囲やサイドからの光を防ぐため、プロテクターが付いたサングラスや、鼻梁部分に日焼け防止のプロテクターが付いたものもある。

日帰り登山や時々の登山であれば通常のサングラスでよいが、登山が連日続く場合やヒマラヤ登山のように一、二ヵ月の長期にわたる場合は、レンズの品質や歪みを確認して慎重に選ぶべきだ。また、必ず予備を用意した方がよい。サングラスがなければ行動できない場面もある。

視力用メガネを使用している場合は、メガネの上から掛けるクリップサングラスやメガネを覆うフレーム付きのオーバーグラスがある。私は通常、UVカットの視力メガネを使用し、状況によりクリップ式やオーバーバー式を使う。色はイエローとブラックを使い分けている。

次に吹雪の場合。冬季の登山では強い吹雪で周囲や足元が見えないこともある。登山知識は「アクシデントと対策」の「道に迷わない登山法」で詳述するが、ここでは対応するサングラス、ゴーグルの活用について説明する。

サングラス、ゴーグルともに、レンズが曇るという問題がある。サングラスは汗の度合いで曇ったり、吹雪の中では内部に雪が入って曇ったりする。目との隙間や帽子を調整して通気をよくし、解消できることもある。

ゴーグルは内部に雪は入らないが、汗で曇ることがある。レンズが二重になったWレンズなら曇りにくい。さらに換気孔が付いたタイプや電動ファンで換気するタイプもある。値は張るが熱線が付いたものもある。熱線入りは効果があるが、数万円と高いし、電池の消耗の問題がある。低温下では電池の機能低下と消耗が激しいので対策が必要だが、ヒマラヤの高峰などで活動するには適している。

レンズの曇り止めには予防のスプレーがあるが、登山時、吹雪では効果が薄く、完全な対応が難しいのが現状だ。視界を確保すること、目を守ることは重要なので、私はサングラス、ゴーグルとも複数準備して使い分けている。

⑽ スパッツ

スパッツは近年、ゲイターとも呼ばれる。もともとは雪上歩行の際に雪が靴に入り込まないよう、加えて防寒を目的として用いた足首カバーである。小石や枝葉が靴に入るのを防ぐと同時に、ズボンの汚れを防ぐことができる。多少の雨なら防げるので、季節を問わず使用される必携品となっている。

白馬岳登山に講師として同行したときのことである。雪のない栂池から出発するときに、参加者は一斉にスパッツを着けた。すると現地のガイドは小声で「スパッツは雪で着けるものだ」と、誰に言うともなくつぶやいた。私も雪山以外ではあまり着けないが、昨今の登山者は着けるのが常識となっている。夏の暑い時期はズボンの裾からの換気を妨げるが、それでも着ける人が多い。熱中症の原因とならないように気を付けたい。ズボンの汚れを防ぐ目的もあるようなので、私は自由に任せている。特に東北の山は草露や藪が多いので、スパッツを着けることでズボンの濡れや汚れは防げる。

スパッツには、季節や目的によって足首の周囲だけを覆うショートと、膝下までをカバーするロングがある。生地の厚さにより保温度合いも違うので、使用目的や季節を考慮して準備しよう。

(11) ザック

ザックはリュックサックなどの呼び方もあるが、登山では一般的にザックと呼ぶ。岩登りなどに使うのがアタックザックだ。コンパクトで軽量なつくりのサブザックを小屋泊などのときに予備に持参することもある。

ザックの容量は二十リットルぐらいから九十リットルぐらいまで各種ある。通常の日帰り登山では三十リットルぐらいが適している。小さいと入り切らずにザックの周囲に上着や用品をぶら下げて歩行することになるので、余裕あるサイズがよい。

私は各種のザックを持っているが、ヒマラヤ登山では八十リットルを使用した。ビバークザックという体の半身が入る大きなものもあり、内部のマットを活用することができる。

自分の身長や背中へのフィット感を意識し、背負いやすさを考えて選びたい。内部が二層になっているものがお勧めだ。下の層に軽いものを、上に重いものを入れると背負ったときにバランスがよい。荷物が少ないときは周囲のベルトを締めればコンパクトになる。

一番上のカバーは「雨ぶた」と呼ぶ。周囲のベルトにはストックやアイゼン、ピッケル、スキーまでも取り付けることができる。ザックに付いている周囲のゴムやバンドも、ベルトと同じように使い道がある。知らずに使用していることが多いので、購入時に確かめておくとよい。荷物の量で日帰り用と宿泊用とを使い分ける。ちなみに荷物の重さは、日帰り登山で五～八キロ程度。山中泊で山小屋に一泊程度の場合は十二～十五キロとなる。連泊やテント泊となればさらに増える。

(12) ザックカバー

ザックカバーは雨と汚れを防ぐ。ただし、背中部分から雨が入ることがあるので防水としては完全ではない。次項で説明するが、内部に袋を使用すればザックが濡れても中は安全だ。ザックによってはカバーが一体となっていて雨が背中へ入るのを防ぐ便利なものもある。カバーで気を付けなければならないのは強風時。風をはらんで一気に持って行かれることがある。ザックの大きさに合わないものを付けている人をよく見掛けるが、適したサイズと飛ばされない工夫が必要だ。

(13) 防水袋と整理袋

ニュージーランドのトレッキングで、出発の前日、ガイドがザックに入れて使う大きな透明の袋を見せて説明し、持っていない人に配ってくれた。人気のトレッキングルート、ミルフォードトラックは雨が多いからだ。

ザックは防水加工されているが、防水力が劣化するなど激しい雨の場合は完全とはいえない。ザック内部にはサイズの合う大きな防水の袋を入れ、その中に携行品を納めると防水性を高めることができる。袋は市販のごみ袋(大または中サイズ)が適している。

ザックの中身の整理をパッキングという。ナイロン製の大、中、小の袋を使用し、「着替え類」「レスキュー用品」「食料」などに小分けしておくとよい。パッキングの良し悪しは、ザックを開けた状態で逆さにすると分かる。ものがバラバラと落ちるのはだめで、ドサドサと整理袋が落ちれば、小分けされたよいパッキングと言える。

(14) 身分証

登山、旅行ではけがや入院などを想定し、健康保険証のコピーを所持したい。自分の身分証明にもなる。海外ではパスポートのコピーも必要だ。ザック内の薬品類と一緒に入れておけば、紛失や遭難した場合の持ち主確認にもなる。

（15）地図と磁石

道に迷わないようにするには、地図とコンパスの使い方を知ることだ。ただ持っているだけでは役に立たない。詳しくは「アクシデントと対策」の「道に迷わない登山法」の項で説明する。

山中で現在地や方向の話をすると、ザックを降ろし、地図とコンパスを取り出す人がいるが、いつでもすぐ取り出せるようにしておこう。ザックの外側に入れると落とす場合もあるので、ウエストポーチなどにしっかり保管を。地図の保管ケースもあるが、頻繁に見られるようにしておくとよい。原本をコピーして持っていれば、地図の傷みを気にせずに使える。拡大しておけば見やすい。

磁石は「オイル入り」とそうでないものがある。オイル入りでない磁石は針の動きが悪くなったり、さびたり、故障したりしやすい。磁石は狂う場合もある。だから随時、針の方向が正常であるかどうか、チェックが必要だ。

地図と照合するときや、さらに精度を高めた使い方をしたり、オリエンテーションに参加したりするときは、四角いスケールの付いたものが便利だが、通常はシンプルな小さいものでよい。

（16）水分補給のアイテム

必携品だった水筒、ポリタンクはペットボトルを持てば不要だ。近年はザック内に折り畳みできる柔軟なタンクを取り付けてチューブで水を補給する「プラティパス」(商品名)などが普及している。常時、歩行しながらでも水分を補給できるので重宝だ。

保温用のボトル(魔法瓶)は、山で暖かい飲み物やカップ麺の湯として利用される。近年はステンレスボトルとして多種類の商品が開発されている。多くは保温、保冷兼用だが、保冷専用もある。

(17) 筆記用具

降りしきる雨の中で筆記する場面はそうないと思うが、濡れた状態でも書けてにじまず、後々まで保管できる優れものがある。フィールド手帳、防水手帳と呼ばれるものだ。フィールド手帳は堅牢なつくりで測量関係者や野外研究者などが使用するものだが、登山などでも重宝する。ボールペンも雨の中で書けるものがある。野外で使いやすいよう、首から下げるタイプもある。

私はヒマラヤ登山では、いつもバインダーを持って、揺れる車の中でメモをしたり、フィールド手帳に記録したりした。帰国後はそれが報告書の原稿になった。

(18) 車中バッグ

登山中に待機するチャーターバスや車中に、着替えや入浴用具を入れて保管するためのバッグが車中バッグである。名前やイニシャルのタグが付いていると分かりやすい。

家を出るときから登山靴の人もいれば、登山口で履き替える人もいる。その際は車中に靴を保管しておくことになる。大きめのゆったりしたバッグなら出し入れも楽で重宝する。

⒆ ストックと先端のゴム

登山のストックはトレッキングポールとも呼ぶ。「転ばぬ先の杖」の例え通り、ストックは非常に大事だが、理解している登山者は少ないように思う。

私は若い頃からヒマラヤ登山をしているが、現地には必ずスキーストックを別送した。今のように短くできるストックではないので、長い特殊な梱包が必要だった。ストックはそれほどまでして準備する大事な用具であった。ヒマラヤ登山ではキャラバンで歩く村々の道は整備されていないし、河原状の石の多いところを歩くことも多い。安全歩行を考えた場合に欠かせない。

私は国内ではストックを使わないことが多かったが、五十歳を過ぎてからは使うようにし、今はダブルストック（二本）にしている。登山講座でも必ず持参するよう伝えている。滑りやすい場所や沢を渡るときに必要となる。六十五歳以上の人にはダブルストックを勧めている。転倒をより防げるし、膝への負荷の軽減にもなる。また手と腕を使うことでバランスのよい運動にもなる。最初は上半身に疲れを感じるかもしれない。それは負荷が掛かっているからで、運動になっ

ストック先端のゴム各種。右端がガスホースを装着したもの

ている証拠でもある。

私はスキー用のストックを使用しているが、一般的には長さを調整できるストックが普及している。調整部分は、ねじ込み式やロック式などがあるが、ロック式の方がジョイント部分の調整が利かなくなるトラブルは少ないようだ。帰宅したらジョイント部分を外して中の異物を取り除き、空拭きをするなどの管理が必要だ。ジョイントの仕組みを見て知っておけば、登山中のトラブルにも対応できる。

登山道の植生保護から、ストックの先端にはゴムを使用するのが常識となっているが、購入したときに付いているゴムは本来、持ち運びの際に周囲に危険が及ばないようにするための安全保護具である。登山道のぬかるみなどで抜け落ちているのを見ることが少なからずある。

冬場の雪面や氷交じりの登山道ではゴムは滑って

しまう。その場合はゴムを外して使用する。身の安全が優先である。

以上の状況から現状では問題があるので、私流の対策をしている。市販のガス管を適宜切って、ストックに差し込んでいる。先端が少し地面に刺さるが、深く刺さるのを防ぐことができる。いろいろなホースを試してみたが、今のところ、強度の面でもガス管が適していると思う。緩い場合は少しビニールテープを巻いてから差し込むとよい。

⑳ アイゼン

アイゼンは堅い雪面を安全に歩くために登山靴の底に付ける鉄の爪のことで、和製の登山用語である。語源はドイツ語のシュタイクアイゼンに由来する。アイゼンは鉄、シュタイクは山道の意味だ。

アイゼンは爪の本数が四本から十四本まであり、四本から八本を軽アイゼンと呼ぶ。材質は鉄、アルミのほか、高価だがチタン製もある。アイゼンは本来、ピッケルと組み合わせて使うべきで、雪面では両方ないと安全に対応できない。ツアー登山が盛んになってからは、雪上歩行でも軽アイゼンだけを準備させるようになった。軽アイゼン四本は、ベルトにゴムバンドやナイロンテープを使用しているほか、プラスチックの固定バンドもある。

ゴムバンドは、いずれは切れる可能性が高いし、装着しづらい点もあるので勧められない。ナ

軽アイゼンの装着

10本爪のアイゼン

イロンテープに取り替えた方がよい。私は通常は一番コンパクトな四本を通年、常時持参するようにしている。雪面以外、滑りやすい場面で使用するためだ。雪山には十〜十二本のアイゼンを使用するよう勧めている。

(21) レスキューバッグなど

緊急用品として、レスキューバッグ、レスキューシート、ホイッスルについても触れておこう。

レスキューバッグは、ファーストエイド・キットとも呼ばれている。いざというときに使用するもので、薬品や応急用品である。普段は必要性を感じないが、時々は点検をしておきたい。

レスキューシートは体をくるむアルミのシート。色は両面シルバーと、片側がゴールドのものがある。山中で自分やメンバーがけがなどで歩行困難になった場合、その場に待機することになる。歩いていると気にならないが、じっとしていると寒さを感じることがある。そんなとき、体の保温に使う。

ホイッスルは熊よけや互いの合図、救援時に使うことができる。金属製は冷たいので、プラスチック製がよい。

□高度計
□気圧計
□温度計
□天気図用紙
□各予備電池
□ガイドブック
□地図帳
□ガスボンベ
□クッカー
□靴紐予備
□携帯トイレ
□単眼・双眼鏡
□町衣装（着替え）
□風呂敷（あると便利）
□ソーイング（裁縫具）
□洗面・化粧用具

目的によって追加する例

夏山小屋泊のリスト

□ザック（大きめのもの）
□シュラフ（寝袋）
□シュラフカバー
□インナーシュラフ
□マットレス
□コッヘル（調理なべ）
□食器
□マイカップ
□はし
□カトラリー（スプーンなど）
□水タンク
□燃焼器（ガスコンロなど）
□燃料（ガスカートリッジ、固形燃料など）
□ライター
□マッチ（防水パッキングを万全に）
□ローソク
□ランタン（置き明かり・電池式やガス、ガソリン使用などもある）
□テント一式・テントマット（テント泊の場合）

冬山のリスト

□防寒着
□中間着（フリース、セーターなど）
□防寒用帽子
□防寒マスク
□スカーフまたはネットウォーマー
□手袋（薄手、厚手、オーバー手袋）
□サングラス（予備含む）
□ゴーグル
□輪カンジキ
□スノーシュー
□冬用登山靴
□防寒衣類
□冬用テント
□マット
□スノースコップ
□スノーバー
□ピッケル（用途に合わせたもの）
□アイゼン（10本、12本）
□山スキー一式
□赤布
□携帯カイロ(白金カイロや使い捨てカイロなど)
□ビーコン（電波発信、受信する機器）などの雪崩対策用品

岩登り、沢登り用品

□岩登り用登山靴
□沢登り専用の靴(ウエーディングシューズ、フェルトシューズ、ワラジ)
□沢登り用の着替え（水に濡れることが多いので必ず予備を持つ）
□ザイル・ロープ
□ヘルメット
□ハーネス（登攀用ベルト）
□クライミンググローブ
□エイト環
□カラビナ
□ハンマー
□ハーケン
□スリング

海外トレッキング時の主な旅行用品

□旅行トランク
□パスポート（予備写真）
□航空券（チケット）
□外貨
□辞書
□ガイドブック
□車中枕
□簡易スリッパ
□変圧器・プラグ類
□嗜好品（日本食、菓子など）
□町着類

ヒマラヤ高所登山

□高所用テント
□高所用防寒衣類
□羽毛衣類
□固定ロープなどの登攀用具類
□酸素・マスクなどの特殊装備品

メンテナンス用品

□防水スプレー
□撥水スプレー
□防水剤
□専用洗剤
□保革油
□汚れ落としブラシ
※靴、レインウェア、ザックなど、商品によってメンテナンスの方法が違うので、購入時に販売店などでよく確認しておく。

携行品リスト（夏山日帰りの例）

※個人の必携品と任意品、共同用品に分類。夏山の日帰り登山を基本とし、里山での雪山も含めている。比較するため、参考までに山中に泊まる場合、岩登りや沢登り、海外トレッキング、ヒマラヤの高所登山の場合も入れている。登山は旅行を伴うこともあるので、旅行用品も含めた。

《必携品》

1. 登山服装

□帽子
□インナー（登山用下着上下）
□中間着（長そでのカッターシャツ、フリースなど、必要に応じて半そでシャツも）
□アウター（上着・ジャケット）
□レインウェア・雨具上下（ゴアテックスまたは準じた物）
□ズボン・パンツ
□ベルト
□手袋2（軍手、化学繊維）
□靴下（予備1足含む）
□軽登山靴（防水タイプ）または登山靴
□インソール（中敷き）
□スパッツ（ゲイター）

2. 登山用品

□ザック
□ザックカバー
□ザック内防水袋（ごみ袋など）
□整理袋（ザック内の区分用）
□ウエストポーチ
□時計
□財布（現金）
□ヘッドランプ
□ホイッスル
□リップクリーム
□磁石（オイル入り）
□地図
□登山計画書（届け出書）
□資料類
□筆記用具
□携帯電話
□各予備電池
□トイレットペーパー（トイレ用、チリ紙、ロールペーパーなど）
□車中保管用バッグ（スタッフバッグなど）
□ゴミ袋（小を数枚、食料ごみや紙くず用）
□ストック（1〜2本）
□軽アイゼン
□防虫対策（ネット、スプレー、塗り薬など）
□レスキューバッグ（緊急用品）
□レスキューシート
□ツェルト
□予備下着上下
□非常食（乾燥食品など）
□携帯カイロ（使い捨て、またはベンジン、電池式）
□ラジオ
□ライター
□ローソク
□薬品一式（持病薬含む）
□赤布
□携帯トイレ
□ナイフ
□細ロープ（太さ6㍉、長さ10㍍程度）
□発煙灯
□身分証（保険証またはコピー）
□ダクトテープ（ガムテープなど）

3. 食料（昼食兼行動食、非常食）

□主食（おにぎり、パンなど）
□菓子・飴など
□飲料水（水、スポーツドリンク、お茶など）
□非常食（保存食類）
□予備食（必要なとき）

4. 共同用品

（個人用品と重複するものあり。リーダー判断で分散して持つことも）

□ツェルト
□ロープ
□赤布
□予備ヘッドランプと電池予備
□ラジオ
□無線機（アマチュア、小電力特定など）
□携帯電話
□薬品一式（鎮痛剤、風邪薬、下痢止め、絆創膏、包帯、キズ軟膏、消毒液、三角巾、ガーゼ、湿布、足豆テープ、体温計、テーピング用品、処置法の資料など）
□虫刺され用品・虫よけスプレー
□かゆみ止め軟膏
□ポインズリムーバー（吸引器）

《任意品》

□サポート・タイツ
□膝サポーター
□ベスト
□タオル（汗拭き用）
□バンダナ
□スカーフ
□サブザック
□折り畳み傘（平地用）
□サングラス
□入浴用品（タオルなど）
□日焼け防止用品
□水筒またはボトル（保温、保冷）
□メガネ（予備メガネ、ケース）
□コンタクトレンズ
□カメラ（デジカメ、ビデオ）
□三脚
□ラジオ
□携帯電話
□スマートフォン
□万歩計
□ソーラー機器
□GPS機器

計画書の作成

登山には三つの楽しみがある。計画の立案、登山、そして記録することである。ツアー登山が主流となった現代では、楽しみの一つである「計画」を旅行業者に任せてしまっているため、自ら企画することに慣れない人が多くなっていると思う。

ここでは、自分や山仲間で企画する際の計画書の作り方、内容について説明する。事前の情報収集と検討する時間、仲間と打ち合わせをする機会もあるだろう。ぜひ独自のプランニングを楽しんでもらいたいと思う。

登山口には計画書を提出する箱が置いてある場合がある。登山カードやノート、台帳を設置しているところもある。下山届を書くところもある。登山口によってさまざまだが、実際には何もない登山口が多いのが現状だ。

登山計画書、登山届、登山者カード、入山届と名称はいろいろだが、それらはどこに行くのだろうか。「登山届を!」と提出を呼び掛けているのは警察や市町村の役場などである。地域によっては「登山条例」で義務付けているところもある。理由は危険地域であるためだ。厳冬期に

登山口には入山届のポストがあるところも＝宮城県栗原市の大土ヶ森

は登山禁止になっているエリアもあるので、出掛けるときは管轄の警察署に確認することが必要だ。二〇一一年現在で登山条例があるのは、群馬県谷川岳の遭難防止条例と富山県剣岳周辺の登山届出条例の二ヵ所である。

計画書は登山する管轄の警察のほか、所属する団体、留守家族、職場などにも提出する。警察署や交番はアプローチ（経路）で出してもよい。遠方なら事前に郵送しておく。下山の連絡は必ずしも必要ではない。警察はいざという場合の情報として計画書の提出を求めているので、登山した地域で遭難が起きた場合や悪天候などのときは、情報提供で協力できることがあれば対応すべきだ。

計画書には必ず記入すべきことと、必要に応じて記入する内容がある。単なる様式と考えずに必要事項、情報を盛り込もう。昔は参加者名のほかに、住所、年齢、血液型まで詳しく書くのが当たり前だったが、現在は個人情報の問題もあって、最低限の記載をするようになっている。

登山計画書の記載例を次に紹介する。これを参考に、自分なりに作成してほしい。山岳保険によっては、所定の記載内容が決められていることもあるので確認すべきだ。

登山計画書（登山届・入山届）

提出日：　年　　月　　日

御中

※個人情報の保護につとめてください。
※一部は留守家族に置いてください。

代表者名（登山リーダー）　フリガナ　　　　携帯電話番号 住　所 緊急連絡先（氏名と電話番号）		
所属団体（山岳会、同好会など）、主催団体（旅行会社など）記入欄 名称（フリガナ）　　　　代表者名（フリガナ） 連絡先 救援体制　　　有（人数　　　名）・　無		
山名とルート 行動　　往復、縦走　　縦走の場合（入山口　　　　～下山口　　　　） 　　　　日帰り・山中泊　山小屋・テント泊の場所 備考（エスケープルートなど）		
日程（入山日～経路～下山日） 　月日、時間と場所などを詳細に明記		
登山携行品　夏山一式　小屋泊一式　冬山一式 食料　　　日分　　アマチュア無線　有・無		
氏名	年齢、性別（男・女）	連絡先（電話または住所）

記載内容の補足説明

掲載した「計画書（登山届・入山届)」は一例です。これに携行品リスト、食料品リスト、地図や参考資料（ガイドブックなど）を加えます。日本アルプス付近の各県や群馬県、北海道などでは、ホームページに登山の注意と計画書様式を載せているので、それを使用するか参考にするとよいでしょう。

計画書は、①対外的に提出するもの②登山メンバーや家族向けのもの――があります。①では名称が「届」となり、日程（下山日)、携行品、連絡先などの内容が求められます。②では①に加えて集合時間、場所などの詳細、参加費用や保険内容、注意事項を盛り込むこともあります。私の講座では、夏には「虫の出る季節です。防虫ネットや薬品の準備を！」とか、冬には「防寒衣類を万全に！」といったことを知らせ、特に忘れられがちな「サングラス類」などの必需品もお知らせします。また、「登山計画書は当日、出発時にあらためてお渡しします。一部は自宅に置いてください」と書いて、留守家族に「計画書」を置くことをお願いしています。

《記載項目》

・タイトルは山行計画書、登山計画書、登山届などでもよい。
・主催団体名とは所属山岳会名、グループ名、ツアー名など。
・エスケープルートとは予定しているルート以外のことで、万が一利用するかもしれないルートを明記しておく。
・「時間があれば温泉など利用」の記載があれば、用意するものの準備ができる。
・携行品には、特に必要なものを（　）や※印で強調して明記する。
・虫対策、防寒用品、軽アイゼン、サングラスなど季節により補足。
・参加名にはリーダーはCL（チーフリーダー)、SL（サブリーダー）と表記するとよい。
・添付資料としては、地図やルート説明資料などがあるが、別途、携行品リスト(個人装備、共同装備、食料、予備食）や、山中泊（小屋やテントなど）の場合は食料計画も必要となる。現地から取り寄せた観光パンフを添付するのもよい。

《任意記載事項》

メンバーリストは氏名のほかに年齢、性別、住所、電話番号などを書けば、なおよい。現地の市町村役場や宿泊先、交通機関などの情報を記載しておくのもよい。アマチュア無線機の台数やコールサインを明記することもある。携帯電話はリーダー以外のメンバーの所持を確認し、番号を複数明記できれば安心である。

《アドバイス》

・留守家族など、登山の知識がない人にも理解しやすい内容とする。
・読みにくい山名、地名、名前などにはフリガナを付ける。
・緊急連絡先は登山を理解し、対応できる人にお願いする。
・遠方の場合は予備日を設定できれば余裕ができる。
・「計画書」の予備を複数持参すれば入山届として提出できるなど現地で活用できる。

第二章　アクシデントと対策

危険、事故、遭難を回避する

急な梯子を登る＝早池峰山

道に迷わない登山法

今日は風雨が強い。無理はしたものの、もうすぐ山頂だ。何とか登ったが、下山途中の岩場で滑落してしまった。原因は疲労なのか、風のためにバランスを崩したのか。ルートを誤ったためかもしれない……。

亡くなった人は語らない。原因は曖昧になったままとなる。事故に遭った山仲間を非難することにためらいもある。事故者やリーダーの過失や責任を追及することはあまりない。山での遭難は、そんな繰り返しをして来たように思う。

遭難の原因はさまざまある。一つだけでなく複合的に起きることもあるだろう。しかし「想定外はない」と思っている。過去の事例をよく知り、どんなことにも対応できる知識を持つべきだ。過去の事例は報道ニュース、山の専門誌、遭難をテーマにした本……などで調べられる。今は遭難が起きるとインターネットでリアルタイムに知ることができる。

毎年、警察庁から出される白書に「山の事故」の統計が出る。一九九八年には全国の山岳遭難数が千七十七件となり、統計が始まって以来、初めて千件を超えた。その後毎年増え続け、二〇一〇年は千六百七十六件、遭難者数は二千八十五人だった。これには山菜やキノコ採りも含まれているが、近年の中高年登山ブームと呼ばれる登山者増に比例した数字には違いない。

「一般生活と登山では、どちらが危険を感じることが多いですか?」と、私は登山講座などで問うことがある。私の答えは社会生活の方だ。車社会ではハッとすることが毎日あるし、事件、犯罪などの報道を見ても不可解な出来事が続いている。一方で、登山活動での危険は、そう多くないと思っている。原因は自然現象と登山者の不注意で、三十項目ほど挙げられる。その中には不可抗力と思われる自然災害と登山者個人の病気や突然死がある。不可抗力とは一人の力、判断ではどうにもできないことであるが、これについても、諦めずに対応を考えてみたい。三十項目の原因と対策を知っていれば、登山の遭難はかなり防げると思っている。

原因は「自然現象」「登山者」「複合的」の三つに大きく分類できるが、本書では一般ルートでの登山活動に限定して安全対策をまとめた。一般ルートとはガイドブックに掲載されている通常ルートのことである。

一般ルート以外はバリエーション・ルートという。岩登り、沢登り、冬山登山、ヒマラヤ登山など、危険地帯に自ら入り込んでいく行為で、専門的な知識と技術が必要となる。私はそれらの登山経験をしてきたので、参考になる事例として紹介はするが、本書ではあくまで一般登山のための安全対策として理解していただきたい。

「登山グループが予定を過ぎても下山しない」という遭難のニュースが相次いだことがある。登山ブームと言われ始めた頃の話だが、今も「道迷い」は遭難原因の上位だ。経験あるベテランやプロのガイドが同行していることもあった。自分たちのいる位置がつかめず、下山路が分からずに夜になってしまう。心配した家族や知人の依頼で捜索隊が出動するが、翌日に自力下山するか、発見されるケースが多い。

何とか下山できればいいが、二次的な事故につながることも多い。迷った末に沢や雪渓などに入り込んでしまい転倒、滑落でけがをする。疲労と足つりなどで行動不能となる。疲労と寒さで低体温症、凍死となることもある。

遭難と救助のことは後で記す「遭難シミュレーション」の項を参照いただきたいが、迷うことで社会に大変な迷惑を掛けることを知っておくべきだ。

（1）地図と磁石

二〇〇五年三月二十九日に、秋田県の乳頭山に入山した四十三人が遭難した。翌日、一人で下山して助けを求めた男性は、岩手県の雫石に着いて初めて反対側に下りたことに気付いたという。私は遭難の新聞記事を見て不思議に思った。温泉地から東に向かって登ったので西側に下ればよい単純なルートである。メンバーは地図と磁石は持っていただろうか。持っていたとしたら、地図の見方や磁石の使い方に問題があったのではないかと思われる。

道に迷わないためにはどうすべきか。地図を「いつ見るか」「何度見るか」の二点に尽きる。あなたは、地図をどこで、何回見るだろうか。①迷ってから見る②山頂など見晴らしのいいところで見る③分岐で見る④登山口で見る⑤アプローチ(経路)で見る⑥前日に机上で見ておく⑦計画段階で見ておく――。七つの段階を示したが、あなたが①②の行動を取るならば、道迷いする可能性が非常に高い。

私は自宅を出て登山口に向かう車道で、山全体が見える場所があれば車を止めて山をよく見る。地図と照合をするし、写真も撮る。山頂から延びる尾根、沢の地形や樹林帯の特徴などを見ておく。山は登山口に近づくにつれて見えなくなるからだ。場合によっては山の全景を見るために、わざわざ対岸の林道や見晴らしのいいところまで車で移動することもある。見ておけば地形が分かるし、登山中の自分の位置も認識しやすい。

磁石(方位磁石)はコンパスとも呼ばれるが、東西南北を針で示す道具である。これで方向を知るが、磁石自体が狂うことがある。家庭内の電気製品の磁力の影響や劣化により正確な方向が出ないこともあるので、常に確認しておこう。狂ってしまった磁石は登山用品店で直すことが可能な場合もあるが、買い換える方が無難だ。

GPS(グローバル・ポジショニング・システム=全地球測位システム)機器が普及しつつあ

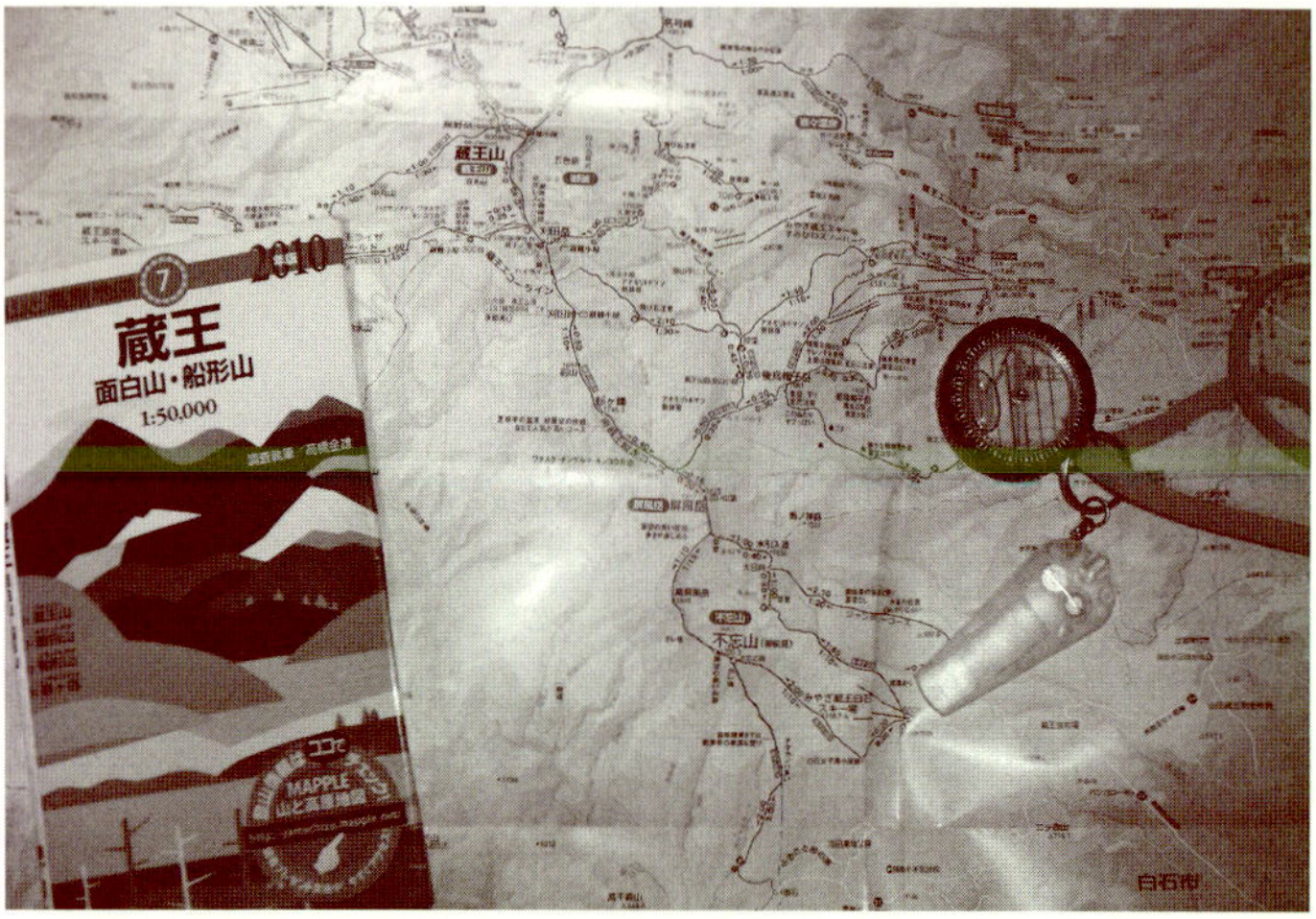

地図と磁石

る。地図、方位、高度、天気の変化などが総合的に表示される。使いこなせれば便利だが、電源切れや表示される範囲などの問題もあり、頼り切ることでの弊害もある。基礎的な登山知識を学んだうえで活用したい機器である。

道迷いには「迷わないための知識」と「迷ってからの対応」がある。迷わないためには地図をよく見ることが基本だが、登山口では、これからたどる方向を、将棋の指し手のように、二、三手先を読むようにしたい。例えば、登山口から「南に向かい」、次に「南東に向かう」。そしてまた「南に向かえば山頂に至る」といった具合である。言葉に出すと頭に入る。プラスして距離感、おおよその所要時間も頭に入れるとよい。「南へ十五分、南東へ三十分」といった具合だ。分岐や尾根、小屋までを一区切りとしてインプットする。これが非常に重要なこと

屋久島登山の分岐

で、この繰り返しで山頂まで登る。実はあまり登りでは迷うことはないのだが、このことが下山時の安全対策になる。

歩き始めたら、時々磁石で、想定した通りに進行しているかどうかを確認しよう。立ち止まって磁石を水平にし、しっかり見る。

磁石はすぐに出せるように持つ。私はウエストポーチに入れてある。頻繁にチェックする場合は外側にぶら下げることもある。地図と磁石を使い、さらに注意点を重ねることで、正確に登山道をたどることができる。

登山路の分岐はY字路、T字路、十字路などがある。山頂部も分岐である。分岐の通過には十分な注意が必要である。標識がない場合もある。あっても古くてよく文字が見えなかったり朽ちていたり、倒れていたりと、当てにならないこともある。地元で設置した看板や説明が分かりにくい場合もあるので、自分の判断を大切にしたい。よくあるのは、登ることに熱中して振り返らない人や、話に夢中で分岐でも気付かずに通り過ぎる人がいることだ。

バラバラに歩いていても、分岐では必ず待つことにしよう。そこでメンバーの人数確認をする。まさかと思うかもしれないが、仲間とはぐれることはよくある。はぐれたことによる遭難例もある。

分岐は少し過ぎてから、必ず振り返ろう。登りと下りでは景色が変わるので、下山ルートを確認しておく。慎重を期すには戻りのルートの入り口に赤布《あかふ》を付けるか、石を重ねたケルンを目印に置くとよい。可能ならば、荷は置いたままでいいので、他のルートへも少し立ち入ってのぞいて見るとよい。

(2) 迷ったら戻る

迷いやすいのは分岐だけではない。登山道が河原、沢の中、岩場や砂礫の中を通り抜けることもある。天候によっては視界が悪いときもある。地図、方向の確認をしっかり行うことが大事だ。登山は地図を見て戻って来るサバイバルゲーム。登山ルートと方向を地図と照合する頭脳プレーだ。

迷ったと思ったら位置が分かる場所、見覚えのあるところや標識のある地点に戻ることだ。位置が分かれば進行方向も分かるし、先に不安があれば引き返すこともできる。むやみに進めば戻る距離も長くなり疲労する。

完全に迷った場合は疲労しないよう、歩き回らずに、早めにビバークの決断をする。決断したら日の明るいうちに周囲の状況を確認し、適地を選んで風を避け、気持ちに余裕を持ってビバークすることが大事だ。翌朝は早めに行動して下山するか、無理な場合は救助を待つ。余裕を持って対応できるかどうかは、経験や携行品の準備とも関わってくる。

登るよりは下る方が体力的に楽なため、藪や樹林が少ない谷や沢を下ってしまうことがある。沢は濡れた露岩が多い。

岩場を下る行為は大変に危険で、岩登りの心得があってもしてはいけない。もし林道、車道の方向が分かり、確認ができて登山道以外を移動する必要がある場合は、歩きづらくとも尾根筋を行こう。尾根は地形や周囲の様子が見えるが、谷は見えなくなるからだ。慎重に進み、疲労しないよう休息を取りながら行動する。先行きが不安な場合は距離が長く感じるものだ。焦る心が疲労につながる。

「道迷い」については地図と磁石を使うことを前提として書いている。地図がなければ全くなすすべがない。それほど地図は重要だ。登山に行く前提として計画の段階から、必ず地図があってスタートする。地図に対する知識の有無に関わらず、リーダーや主催者側からメンバーには必ず地図が渡される。

人によって「しっかり見る」「一応見る」「全く見ない」の違いはあるが、見る機会を増やすことで、地図を読む力が備わる。

古来より人は太陽と星で方向を見て来た。まず日の出、日の入り(日没)がある。太陽は東から昇り、西に沈む。午前中は東側に、午後は西側に、正午には真南にある。

時計の長針、短針と太陽の関係を知っておくとよい。例えば午前九時に短い針を太陽の方向に向ければ、十二時の表示との中間の方向が南になる。午後三時も同様である。デジタル時計しかない場合は、午前九時に手の親指と人差し指をV字(四五度)にして一方を太陽に合わせるとよい。親指と人差し指の中間が南である。南が分かれば東西の方向は分かる。登山は尾根を境に方向が大きく分かれる。方向を知れば地形と位置が分かることもある。もっとも太陽が見えなければ、この方法は活用できないが、常に太陽の位置と方角を知る感覚を身に付けておくとよい。

私は星についてあまり詳しくはないが、代表的な星の位置で方向を知ることもできる。金星は明けの明星、宵の明星といわれ、夕方は西側に、朝方は東側に見える。

秋の登山講座で福島県の山を泊まりがけで登った。阿武隈山地の山を一つ登り、次の目的地の南会津に車で向かうとき、周囲は既に暗くなっていた。村々の道は複雑で無事たどり着けるかど

視界の悪い雪渓を歩く＝鳥海山の千蛇谷

うか心配だったが、向かう場所の西南西には金星が光っていた。目的の山はまさにその方向なので、星を見ながら何度も方向を修正して道を進み、目的地付近でキャンプをすることができた。

方向は風向きでもある程度知ることができる。地域と季節により変化するが、南東北地方は秋から冬にかけては北西の風が吹く。地形により風が巻いたりするので注意する必要はあるが、稜線では強い北西の風となるので、おおよその方向は知ることができる。木の枝の向きや切り株で方向を知ることができるとも言われるが、あまり当てにはならない。磁石以外でも方向を知る術を紹介したが、磁石を使いながら常に方向、方角の感覚を身に付けることが大事だ。

「私は方向感覚がまるでないので……」という人も少なくない。登山講師として教える立場で見ていると、個人差があるようだ。音感と同じように得手、不得手はあると思う。しかし、登山では大事な感覚なので、苦手意識を捨てて学ばなければならない。自宅周囲の建物や店の方角から方向を探ったり、風水に関心を持ったりするのもよい。学ぶというよりも楽しむことから始めたい。

地図や磁石を使う訓練は街中でもできる。ある著名な登山家は「知識を身に付けるため、自宅周囲を歩いては赤ペンで書き入れて、地図が赤くなるほど歩き回って学んだ」と、書いている。地図で地理、地形を読む、磁石で方向を確かめる。必要があれば赤布を付けるなど、二重、三重に対応すれば、「道迷い」は防げる。

小休止

「リングワンデリング」という言葉がある。リング(輪)を描くように歩いてしまい、元の場所に戻ってしまうことである。例えば、雪山でザックを降ろして休み、また歩き始める。しばらく歩いてから見覚えのある風景に出て、前に休んだ場所であることに気付く。これがリングワンデリングだ。主に冬山で起きるが、強い風や地形なども影響することがある。冬以外にも濃い霧の中や散策路などが入り組んだ場所で起きる。いずれも方向の確認を怠ったのが原因だ。

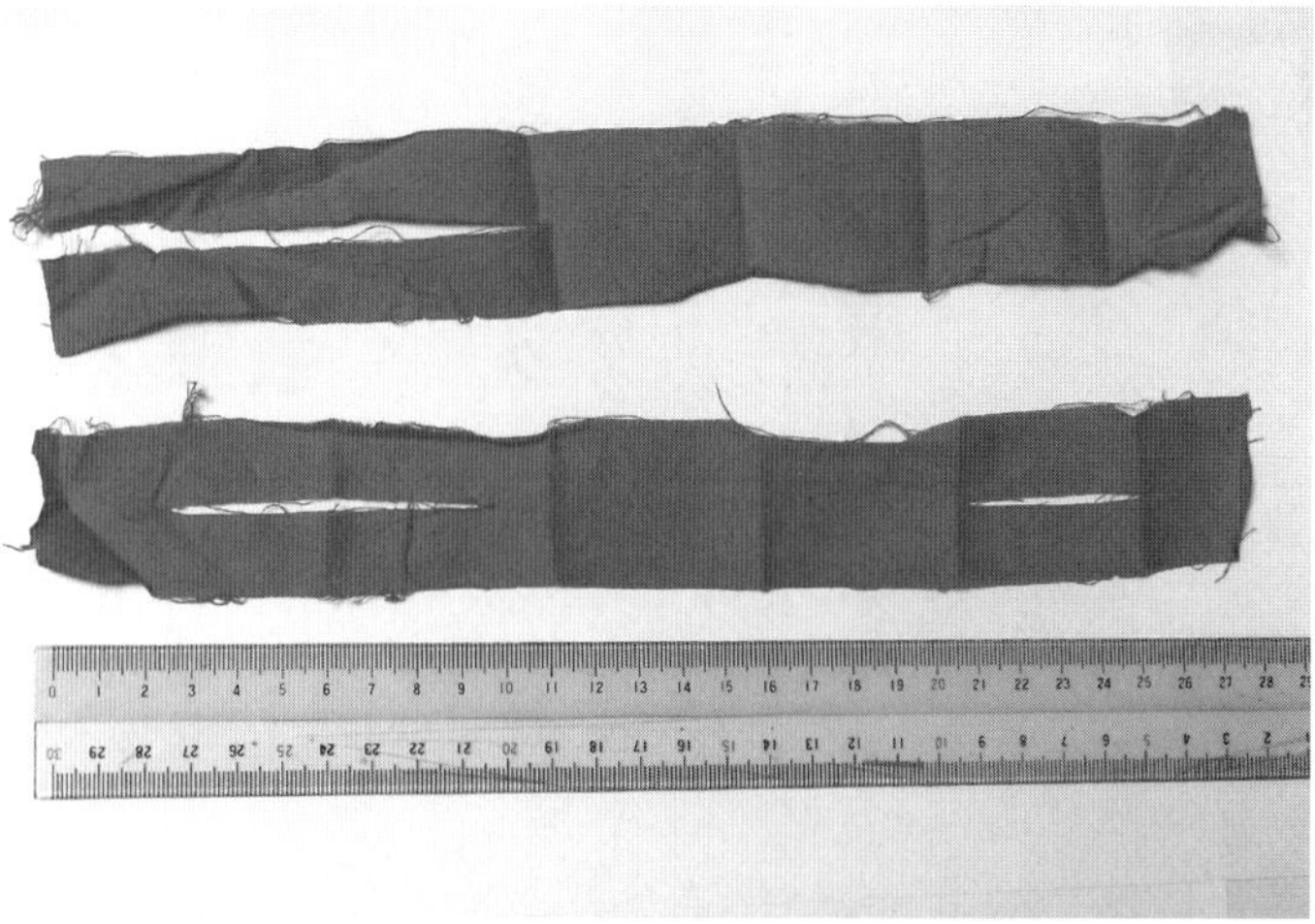

赤布の見本。上が従来のもの、下が切れ目を入れた新しいもの

（3）目印になる赤布

昔から冬山登山で必ず使うのが赤布だ。迷いそうな道筋に付けておく。必携品ではあるが、登山用品店には売っていないので、自分で作るしかない。

残雪時は夏道が隠れてしまっているところが多いので、赤布がないととても進めない。年月を経て色あせた赤布が樹木の枝に付いているのを見掛けることがある。積雪に埋もれないよう高い位置に付いている。迷いやすいところではそれらも参考になる場合があるが、鵜飲みにしない方がよい。別なルートに続いていることもあるからだ。また営林署関係者などが管理のために赤やピンクのテープを付けていることもあり、とんでもないところに誘導されることもある。登るときに自分で赤布を付け、それを確認しながら下山するのが一番よい。下山時は回収するのが普通だが、安全を優先して残置することもある。冬に限らず、少量でも常時持っていれば活用できる。

作り方は、長さ二十〜三十《チ》《セン》、幅数《チ》《セン》の赤い布の片方に切れ目を入れ、木々の枝に結ぶ。最近は切れ目を両側に入れ、結ばずに輪かけにするよう工夫して使っている。そうすると外すときも楽である。本書では本格的な冬山に関しては触れていないので詳細は省くが、本来の赤布は竹の先に赤布を付けて使う。深い雪に刺して使うからだ。避難小屋には常備していることが多い。

(4) ビバーク

ビバークは野営、露営、不時露営とも言う。ビバークには予定外と予定内がある。例えば、日帰りの縦走登山を計画したとする。ところが途中で暗くなり、やむを得ず山中で一晩過ごし、翌日、何とか下山した。これが予定外のビバークである。疲労や山中の寒さもある。連絡が取れないため、遭難救助の要請が出されるかもしれない。

同じような日帰りの縦走登山でも「状況次第ではビバークするかもしれない」という覚悟で出発し、そのように家族にも伝えているケースがある。予定通り下山したかったが難しいと早めに判断し、まだ日の明るいうちにビバークに適した場所を探し、一晩を過ごして下山する。これが予定内のビバークである。予定内であれば、ツェルト(簡易テント)や非常食も持参しているだろうから、余裕のあるビバークと言える。ビバークに適しているのは、風を避けられて横になれる

ツェルトビバーク

場所である。水場が近ければなおよい。暗くなれば探すこともできない。

縦走登山での例を紹介したが、往復登山でも道迷いやアクシデントで山中泊を余儀なくされることもあるだろう。長い縦走では予定した山小屋にたどり着けないこともある。常にビバークを覚悟して準備していれば、いざというときに慌てず行動できる。できれば、安全なところで事前に一度、ビバークの体験や訓練をしておきたい。前日に付近の山へ出掛けてキャンプ場や登山口でビバークしてから登山するのもいいだろうし、自宅の庭先でやってみるのもよい。どんな状況になるか、どんな用品が必要なのか、よく分かる。

予備日という考え方がある。予定の日数に予備日を加えておけば、一日ぐらいの遅れでは遭難騒ぎにならずに済む。計画書に書き入れて知らせておくことが前提だ。下山が無理と判断すれば、やみくもに下山しようとしないで、ビバークすればいいし、予定通りに下山しても、もう一日温泉などでゆっくり……ということもできる。日数に余裕がある場合に検討するといいだろう。ただし、ビバークと予備日については、登山仲間や家族に理解してもらっておくことが前提だ。

転倒、滑落しない登山法

転ぶことは誰にでもある。グループ登山では一人も転ばずに済むことは少ない。なぜ転んだかは本人が分かっているが、笑って済ませてしまう。いつも曖昧にして、また山に出掛ける。だから転倒、滑落事故は減らない。

警察庁による過去十年間の統計では、山岳遭難の半数以上の原因が転倒、滑落だ。転倒は文字通り転んで倒れることだが、打撲や捻座などの軽傷で済むこともあれば、打ちどころによっては歩行が難しいけがになることもある。滑落は転倒後に落ちてしまうことだが、立ち木や岩に衝突し、大きなけがや死亡に至るケースが多い。事故が起きれば救助の要請となる。当事者だけでなく同行者も遭難者となり、大変な事態となる。決して他人事ではない。

（1）落ち着いた行動を

脚力、体力、そしてバランス。ここまでは誰もが想像できるが、自分はどのように対応しているだろうか。中高年の登山者が多く、「歳だから」ということも聞くが、それは言い訳に過ぎな

沢の渡渉＝焼石岳

い。身近な問題だが、転倒への対策はあまり取られていないのが現状だ。

危険個所を通過するときに事故が起こるケースが多い。具体的事例はたくさんある。過去の報道内容を基に私なりに検証をしてみたい。責任追及や叱責をするつもりはない。事故例から学び警鐘を鳴らすのが目的である。

若い頃に読んだ本の中で、記憶に残る事例がある。谷川岳の西黒尾根でのことだ。グループで登っていて、ちょっとした岩場を乗り越えられずに手間取っていた女性がいた。先行していた男性が戻って来て、自分のズボンのベルトを外して差し伸べる。女性はベルトの先を握って登ろうとしたが、ベルトは切れた。女性は滑落して亡くなった。

読んだのは登山を始めて間もない二十二歳の頃だったから昭和初期の遭難だろう。今も教訓として

急峻な雪面を横切る＝鳥海山上部

心の中にある。いい加減に人をサポートすれば、むしろ事故を生むことになる。サポートはしっかりした方法で行うべきで、昔からある登山の知識と技術を学ぶことが大切だ。
　登山者の多くは中高年である。職場を全うした人、子育てを終えた主婦など、常識ある人が多いが、一般生活での感覚で危険回避を簡単に考えてしまう。沢や岩場を通過するときに、親切心かもしれないが他人の手足の置き場までいちいち教える人もいる。私は講師の立場で「余計なことを言わないように」と伝える。周囲の目を気にすると、急いだり慌てたりする。惑わされることなく、落ち着いて行動することが大事だ。
　狭い沢や溝などで、ひょいと跳ぶ姿を見掛ける。私はどんなところでも跳ぶ行為はしない。岩登りの経験から少しでもリスクは負わない考え方だ。地点の確認もしないまま着地するのは危険な行為だ。岩場でふざけて跳んで、そのまま落下した事故例も知っている。落差のないところでも石や岩のあるところでは、転べば大きなけがになる危険性が高い。飛び石のある沢の渡渉《としょう》は苔で滑りやすいので特に注意し、二本のストックを使って確実に渡りたい。

（2）難所対策は念には念を

二〇〇七年十一月、紅葉盛りの奥会津の志津倉山（一、二三四《メートル》）で事故が起きた。下山中の女性が、岩壁に取り付けられた梯子から谷側に約百《メートル》滑落。ヘリで病院に運ばれたが間もなく死亡した。六人グループでの登山だったが、通報したのは別のグループの登山者である。女性は自分のグループから離れて先を歩いていたという。

以上が報道内容だが、おそらく複数のグループが交じりながら歩いていたのだろう。登山道の難所でよく見られる渋滞と、順番に下りて行く状態が目に浮かぶ。仲間と別だったことや岩場の状態などは問題ではない。「後続者を意識して平常心を失う」「握力、腕で支えることの不慣れ」「急峻な場所でうまくバランスが取れない」。原因としてこの三つの問題が考えられる。

私は事故の一年後に講座で、その志津倉山を登山した。岩場は山頂から緩い樹林帯を歩いて間もなく出現する。十《メートル》ほど切れ落ちた岩壁に、短い手すり状の梯子が岩に三十段ほど直接打ち込

志津倉山の事故のあった岩場

志津倉山の岩場を慎重に下りる

まれている。手すり状の横棒は水平ではなく、やや斜めに付いているのもあった。しかも梯子はまっすぐではなく、緩いカーブを描いて下がっているため、バランスが取りづらく、濡れていなくとも滑りやすい。横に鎖が付いているが、下手にぶら下がると体が振られそうになる。

　私たちはいつも持参している細ロープを全メンバーの体に結び、滑っても止まるように安全対策をして梯子を下りた。九十一ページの写真を参照いただきたいが、一目見ても危険度は高い。梯子は事故当時と変わらない。さらに安全対策ができないものかとも思うが簡単なことではない。登山道の難所はさまざまある。それらに対応することを考えるべきだ。

（3）自分の身は自身で守る

二〇〇八年五月。山形県東根市にある沢渡黒伏（一、一三五メートル）の山頂手前で男女二人が二百メートルほど滑落して死亡した。三人のグループで、同行の男性から一一九番通報があり県の防災ヘリが出動した。

　この山は一般ルートというには急峻過ぎて岩場も多い。私たち六人は、事故の二年前の六月に登山講座で同じコースをたどっている。参加者は数年前から雪山講座などを受講してきたメンバーで一定のレベルがあった。下部の樹林帯から急斜面となっていたので、沢筋の滑りやすい個所に、下山時の安全のため、持参したザイル一本を固定した。

ロープを張った急な沢は、慎重に登り下りすれば大丈夫である。念のためにロープを張るという判断は参加者や人数、ルートの状況などで行うが、安全性は高まる。

事故が起きたときの五月はまだ残雪があった。女性がバランスを崩し、止めようとした男性も引きずられて落ちたという。そのような状況下で有効なピッケルやアイゼンは持参していたのだろうか。知識や技術はどうであったのか。私たちは雪がない時期でもロープを設置した。雪があればさらに準備と対応が必要で、それができなければ登るべきではない。

バランスを崩して滑落する人を止めるのは、経験ある人でも難しい。岩登りや雪山では、場所によってお互いのロープを解き、フリーになるのが常識である。「自分の身は自身で守る」と、気持ちを切り替えることだ。急斜面は登りより下りが難しく、危険だ。この事故から学ぶべきことは多い。

子どもを巻き込んだ山での事故も続いている。二〇〇九年八月五日、山形蔵王の坊平付近で子ども会のハイキング中に事故が起きた。保育園児の男児と子ども会の会長の男性が転落して二人が亡くなった。同じ年の十月、神奈川県伊勢原市の大山（一、二五二メートル）で、下山中の父親が、登山道から滑落した小学生の息子を助けようとして、約六十メートル下の沢に転落し死亡した。その小学生は十メートル滑落し顔に擦り傷を負ったが、自力で斜面をはい上がり、別の登山者に救助された。岩場を下りるのは訓練を受けた人でも難しい。気が動転して慌てていれば、かなり危険な行為といえる。

路肩が谷に切れ落ちて危険な登山道は多い。通過する際は山側に手を触れるようにし、一人ひとり慎重に通過させる。オーバーでも「ここで落ちたら、死ぬよ！」といった、声掛けが必要だ。自由に行動する子どもたちにはマンツーマンか二人の子どもに一人の監視役を付け、絶対に目を離さないようにしたい。福祉登山を実施してきた経験から思うのだが、見守る人を決めたら決して離れないことだ。ツアー登山、ガイド登山でも同様で、少ないスタッフで多人数の安全を確保するのは限度がある。登山する場所にもよるが、四〜五人に一人のスタッフは必要だ。

落ち着いて行動しなければ、滑落した人も助けられないし、自分の身も危ない。まずは冷静になって救援と救急車の要請をする。救助要請については、「遭難シミュレーション」の項を参照していただきたい。

基本的な登山での歩き方、登り方については、既に「登山の基礎知識」で説明した。通過が危険な場所では「簡単なロープワーク」の訓練を知っていれば活用できる。私の登山講座では日頃のトレーニングからロープワークまでを指導している。メンバー全員が十《メートル》の細ロープを常に持っていれば、即座に取り出して対応できる。さらに詳しいことは後で触れる「Dセフ」の項で説明する。

「転ばぬ先の杖」としてストックがある。ストックが二本であれば、安全性は格段に高まる。

また膝への負担が軽減されるので、普段から使用することで膝や足を守り、転倒も防げる。足が達者で歩きも早く、ストックも持たず自信ありげな人には、致命的な事故になってからでは遅いということを伝えたい。早めのストック使用を勧めている。

軽アイゼンは雪面で使用するものだが、滑りやすい登山道では転倒防止としても有効なので、冬以外でも常時携帯を勧めている。登山道を痛めない、植生を守るという注意も大事なので、その点を留意して使用すべきである。ストックについては「携行品」の中でも詳しく説明している。

自然から身を守る

知られざる大自然には驚かされるが、山登りをしていると自然の猛威の前に立ちすくむことがしばしばある。ここでは、山の天気の変化や、動物たちからの威嚇にどう対処すべきかを考えてみたい。

(1) 強風

マレーシア・ボルネオ島のキナバル山(四、〇九五・二メートル)でのことだ。山頂手前でかなりの強風となった。体が飛ばされるほどではないが、風に向かって真っすぐに前進するのが難しかった。私はリーダーとして、数人ずつ連携するように伝えた。腕を組むとかザックを掴むなどして三〜四人の体重を合わせれば重さが増えて安定する。風は通り道があり強弱があるので、そこを過ぎれば収まる。無事、山頂を往復することができたが、こういった状況下では、風の強さとルートの判断が要求される。痩せた稜線や岩場ではバランスを崩し滑落の危険もある。普通の登山なら、無理をしないで戻るのが最善だが、正直なところ、海外の山となると、何とか山頂に登りた

強風の中、キナバル山頂を目指す

い気持ちで無理をしがちになる。でも、むやみに進むべきではない。

「耐風姿勢」というのがある。ストックやピッケルを櫓のように三脚状にして体を低くして構える。どこから強風が来ても体が浮かないように耐える技術だ。これは冬山やヒマラヤ登山ではよくやるが、一般登山でも強風に備え、練習しておくとよい。瞬間的に早く姿勢をつくるのがポイントだ。慣れておけば対応できるようになる。体を低くし、這うように進めば避けられることもある。

冬の富士山や日本アルプスではテントごと飛ばされた事例もある。完全に体が浮いてしまうほどの風もある。冬山を目指す人は強風による遭難例を知っておく必要がある。

身の危険とは違うが、強風のために一瞬に装備が飛ばされることはよくある。ザックカバー、衣類、

耐風姿勢。強風を感じたら、急いで両足とストック、またはピッケルを三脚のように配置して姿勢を低くする。各方面からの風に対抗できることが大事

手袋、ツェルト（小型で軽量の簡易テント）、テントなど、軽くて風に飛ばされやすいものは要注意だ。ザックカバーは特に風をはらみやすい。いつも紐などで固定しておくこと。ツェルト、テントは作業するときには必ず紐で連結しておくか、メンバーに端を持たせるなどの注意が必要だ。オーバーミトンと呼ばれる手袋の上に付けるものは手首や衣類に固定する紐が付いている。低温の中で失うと凍傷などの恐れもある。私は尾根などで登山用具を広げている人を見ると、「風に持って行かれるよ」と注意する。風のないときでも、いつも注意を払うことが大事だ。

風は体感温度を下げ、疲労、低体温、凍傷などの原因になる。稜線、山頂部では極端に風が強くなる場合があるが、地形的に事前に予測で

きる。その手前で防寒具を身に付けるなどの判断をすれば、用品類も飛ばされずに済む。それには地図、地形の見方が大事だ。

（2）降雨

季節による天気の変化は登山の醍醐味だ。「雨の日も楽しい」という気持ちになれたら、本当の山好きだと思う。ただ、防水を維持できるしっかりした雨具は必要。雨で体が濡れ、体の芯まで冷やすことは避けるべきだ。雨の中でも雨具を着ずに濡れたままで歩く人を見るが、体を流れる水は極端に体温を奪う。

強い雨の中では、ザックカバーだけではザックの内部に入る雨は防げない。内部に防水袋（大きめのごみ袋など）を入れ、その中に必需品を収めれば、ザック自体が濡れても大丈夫だ。乾いた衣類をさらに防水パッキングしてあれば安心だ。雨で濡れたら下着から着替え、携帯カイロを使えば低体温を防ぐことができる。

雨天時の登山道は滑りやすいので危険と見た方がよい。岩場に限らず転倒や滑落が起きやすい。登山ルートのみならず、登山口までの林道、車道の増水も考えられるので十分注意したい。

増水した朝日連峰・泡滝ダム付近の川

(3) 増水

「鉄砲水」という言葉がある。岩場が狭まった沢では水が飛び出すような勢いがあるからだろう。沢、川では水かさがみるみる増える。楽しいはずの家族連れのキャンプで、増水のために流された痛ましい事故が過去に繰り返されている。原因分析と対策がしっかりと受け継がれないからだ。

私は車中に常にライフジャケットを一着積んでいる。登山で使うことはないと思うが、登山口までの経路で川沿いを走ることが多いからだ。河原での災難を知ってから常備している。

川や沢の増水は、流水域上部の天気と関連する。川の奥は沢がいくつにも分かれていて、平地では晴れていても、その流水域の降雨や融雪で増水する。里の雪が消えても山頂や稜線部には残雪がある。日が昇るに従い融雪となって増水する。雨天であれば加速する。山に入るときに渡ることができた沢が、帰りには渡れなくなることはよくある。天候を見極め、増水の予見をすべきだ。樹林の有無でも増水のスピードが違ってくる。上流のダムの情報を得ることも大事だ。私は山奥に入るときは手前の集落にある商店などに立ち寄って、さまざまな情報を聞くようにしている。

沢を渡ることを渡渉という。「あの沢を渡渉して」といった使い方をする。渡渉できない状況というのは、登山靴に水が入って足が濡れてしまう程度の深さもあれば、膝や腰まで浸かる深さになることもある。流れが強いと危険な状態となる。沢の中で転ぶと体は浮いて、自由が利かない。石の中でけがもしやすい。流れの先に落差のある滝やゴルジュ(両面が狭まったところ)状の急流があるかもしれない。ロープを使って安全に向こう岸にたどり着ける方法もあるので、後に触れる「Dセフ」の項で詳しく説明する。

(4) 降雪、吹雪、雪崩

ヒマラヤ研究会の会議でよく顔を合わせる山仲間がいた。十一月の初めに開催された研究会の宴席で一緒に酒を飲んだ。その後、彼は一人で飯豊連峰に入ったが、そのまま帰って来なかった。山では降雪が続いたことから、下山できなかったと推察される。登山口には車だけが残されていた。同じ季節、朝日連峰の山小屋に入った登山者が、その夜に降った雪で下山できず、救助ヘリで救出されたことが記憶にある。

私は若いときから雪山を登っているが初冬は特に気を付けている。気持ちの切り替えができないからだ。まだ本格的な冬ともいえない十一月や十二月初めに降る雪には特に注意が必要だ。根雪になる「どか雪」が降ることがある。豪雪地帯では里でも一晩に一メートル《メートル》以上降ることは珍しくない。標高の高い山ではさらに積もる。そんな雪に降り込められたら、どんな強靭な登山者でも助からないだろう。降雪の怖さは経験した人でなければ分からない。厳しい降雪が続けばテントで寝てはいられない。テントが潰されるから、周囲の除雪に追われる。閉じ込められれば酸欠の心配もある。場合によってはテントを張り直すことも必要だ。深い新雪は歩行することすら困難にする。高度な雪洞知識がないと助からない。

「ホワイトアウト」という言葉がある。風雪で先を歩く四、五人先の姿も見えないほどに視界が利かなくなる状態をいう。雪山登山では常に起きることで避けては通れない。登る前から吹雪くことを想定して、地形の把握や赤布などの標識を付ける作業をしておくべきだ。天候は息をするように激しさと安息を繰り返す。風が弱まって視界が開けたらすぐに周囲の風景、地形などを目視で確認する必要がある。これは基本となる地図と磁石を駆使したうえでのことで、二重、三重の対策をしておけば迷うことはない。

雪崩は降り積もった雪が斜面を落ちる現象だが、斜面が急なところでは、どこでも起きると考えた方がいい。一般には新雪雪崩、表層雪崩、底雪崩などが知られる。雪の表面が割れる板状雪崩や、急峻な岩や斜面ではチリ雪崩というのもある。新雪が一〜二日で固まって、その上に雪が降ると下の雪の堅さや湿度など、質の違いが出る。積み重なった自然の重さ、いわゆる重力で雪崩が起きる。その層が何重にもなることがある。

自然発生の雪崩以外に、登山者が歩く際の重さや振動が雪崩を引き起こす引き金になることもある。それが人為的雪崩だ。スキー場や登山での雪崩事故は毎年のように報道されるが、人為的雪崩は意外に多いと私は見ている。雪崩を避けるには、天候判断と積雪状態、そして地形を読む力が必要だ。

私は何度か雪崩を経験している。山スキーで滑り下りたときにスキーのシュプールから雪崩が起きた。登山中に足元の雪が割れて板状の雪崩が起きたこともある。新雪を歩行しているときに足元から泡状の小さな崩れが起きることはよくある。崩れが大きくなって体ごと流されたこともあった。

海外では一九八九年、中国奥地のヒマラヤ登山の際、急な尾根を下りている途中で雪崩に遭った。固定ロープとカラビナのおかげで宙吊りになって九死に一生を得たが、背骨がずれるほどの大きなけがを負った。半年の入院生活と長いリハビリで登山に復帰した。そのときの腕の傷は今も大きく残り背骨はずれたままだが、支障なく生活をしているのは登山を続けているおかげだと

岩手県・牛形山の春の雪崩

思う。

ヒマラヤは、雪崩と隣り合わせで行う登山である。大丈夫と思われる平坦地まで雪崩が押し寄せることもある。対岸に起きた大きな雪崩の爆風で、テントごと飛ばされて死傷者が多く出た例もある。ネパール・ヒマラヤではトレッキング中の雪崩事故も起きている。

雪崩は毎年起きる自然現象だ。報道で知るのは「車道の通行止め」や「登山者の遭難」だ。二〇一一年二月下旬、通称「月山道路」の山形自動車道月山——西川間で大規模な雪崩が起きた。幸い巻き込まれた車はなかったが、道路が復旧したのは雪崩の心配がなくなった時期だ。雪崩には予想を超える現象やパワーがある。

雪崩に巻き込まれたら、「泳ぐようにして上へ上へと出る努力をする」という教えがある。雪の圧力で下に埋まるのを少しでも防ぐためである。雪崩に遭ったときの対策として、昔から長い「雪崩紐」を着けるという方法があった。雪に埋まったときに紐が上に出ていれば掘り出すことができる。近年は「雪崩ビーコン」という道具もある。ビーコン装着者が雪崩に埋まったとき、捜索する側はビーコンを受信モードに切り替え、埋没者が発信している電波をたどりながら探し当てる。

登山者を対象とした雪崩講習会が各地で開催されている。雪と雪崩のことをよく知るために一度受講しておくといいだろう。

(5) 落石

落石は自然によるものと人為的なものがある。人為的なものについては「山のマナー十七ヵ条」の中で「足元の落石には細心の注意を」と説明した。落石を見たら、離れた場所であっても「らく!」と叫んで知らせる習慣を身に付けておこう。落石を経験として知る登山者は少ない。だから、その危険や対応は一般の登山者にはあまり伝わらない。私は経験したことを基に、回避法を伝えたいと思っている。

頭上の落石に気付いたらむやみに逃げず、落石の方向を直視して確かめ、落ち着いて物陰に隠れるか、直前でかわすなどの行動を取ろう。落石は通常は転がって落ちて来るが、飛び跳ねることもある。急峻なところでは空中を飛んで来る。雪解け時期は特に多い。小粒のものは「ヒューン」、やや大きいと「ブーン」、かなり大きいと「ゴー」という音を立てて落ちて来る。

富山県の剣岳に近い丸山東壁で岩登りをしたとき、ザイルで確保していたトップ（先頭を登る人）の足元からひと抱えもある石がゆっくり剥がれて落ちて来た。ヘルメットにガチッと当たり、肩にも触れて落ちて行った。ヘルメットには深い傷ができた。ヘルメットの防備はある程度の条件に対応できるが、スピードのある石や大きな石は防げない。

チベットのルンポ・カンリ峰（七、〇九五《メートル》）には、巨石が見渡す限り重なり合っている場所がある。石の大きさは一抱えのものから数《メートル》ほどにもなる巨大さだ。そこを横断しているとき、先を行くメンバーから「らく！」と声が掛かった。すぐ頭上から軽トラック大の石がゆっくりと転がって迫って来た。私はうっちゃりを掛けるように体すれすれでかわした。注意する声がなければ直撃されたかもしれない。落石は落ちて来る石をよく見ていれば避けられることがある。

一九八九年、中国新疆ウイグル自治区の奥地、ヒマラヤ登山でのことだ。ラクダのキャラバンで深い谷の入り口、「流砂」の現象がある場所に差し掛かった。頻繁に落石があり、沢筋は小さな砂状の石が流れるように動いている。かなり危険だが、ここを通らなければ山には近付けない。見張りを置いて一人ずつ渡ったことがある。そんな経験から、登山道での落石は予知できることが多いと思っている。崖や岩場の下、沢や林道の削った跡がむき出しになっているところは落石の危険がある。登山道には落ちた石が確認されることが多い。石とは違うが雪の塊もある。

巨石帯を登る＝仙台市の大倉山

融雪時には歩くルートからは視界に入らない上部の様子にも注意すべきだ。
　落石の恐れのある場所を通過する際は、上部を注意しながら早めに通過すること。見張り役を立てて通過する方法もある。一人が上部を監視してメンバーを通過させ、安全地帯に渡った人が見張り役となって後続を渡す。上部からの落石を早めに知らせれば防げる可能性は高い。
　怖いのは雪上などで、ガスのため視界が利かない状況下での落石だ。音もなく目前に迫って来るので、かなりの危険がある。落石の恐れがあって視界がないルートなら、早めにルート変更を判断することも必要だ。

(6) 落雷

雷は予知できるし、知識を持つことで対応できる。落雷は平野部でも起こる。広い田んぼで作業中の人や、サッカー場やゴルフ場でも被災したケースがある。登山では稜線などで事故が起きている。必ずしも高いところとは限らない。雷の特性と事故例を知ることだ。

昔から「金属を身に着けていると落ちやすい」と言われてきたが、これは誤った俗説で、落雷に遭う確率に差はない。三十年ほど前、登山の専門誌で研究者の実験例が紹介され、私も認識を改めた。

雷の事故では、一九六七年に穂高連峰で起きた高校生の登山事故が知られている。西穂高岳を登頂した四十六人が下山途中、独標(二、七〇一メートル)付近で雷の直撃を受け十一人が亡くなり十三人が重軽症を負った。この事故を契機に雷についての関心や研究が高まり、メカニズムが解明されるようになった。そして「雷は予知できる」「予知すべきだ」という考え方が広まった。

雷雲が近付けば雷が鳴って強い雨が降る。真っ黒な雷雲の接近は空を見ていれば分かる。登山中に気付いたら、山頂に登るのはあきらめて急ぎ下山しよう。

周囲に自分の体よりも高いものがない場所、稜線や岩場、草地などは最も危険だ。ストックやピッケルを頭以上に高く上げたり、傘を差したりは厳禁だ。立ち木や建物、鉄塔のそばも危険なことがある。立ち木は枝葉から四メートルぐらいは離れたいが、登山中は樹林帯の中を歩くことになるので難しい。より標高の低い位置に下山しよう。最も安全なのは避雷針のある山小屋や車の中だ。

雷雲が広がる月山の空

雷が身近に迫ったときは、窪地など低い場所を選んで、しゃがむようにして低い姿勢を保ち、遠ざかるのを待つのも一つの方法だ。ただし、地面に座ったり、伏せたり、横になってはいけない。雷は地面を走ることがあるからだ。

私が中国の五、〇〇〇メートル級の山を登っていたときのこと。山頂の手前で雷が鳴り出した。急いで登り、写真を撮って下山したが、山頂では着ていた雨具のジッパーがブーンと音を立てて鳴り、怖い思いをした。ピッケルが鳴ったとか、髪が逆立ったなどの例は、少なからず報告されている。

雷は七月末から九月頃までに集中するが、実際は年中発生する現象である。天気予報では以前から雷注意報が出されているが、気象庁は二〇一〇年五月二十七日から「雷ナウキャスト及び竜巻発生確度ナウキャストの提供を開始する」と発表した。ナウ

沼ノ平のガス事故現場を俯瞰する＝安達太良山

キャストとは気象レーダーなどを活用し、最新の観測データなどから、きめの細かい予報を発表するシステムである。登山者は、出発前の気象情報と登山中の観天望気により状況を判断し、回避行動をすることによってリスクを減らせることを知っておきたい。

(7) 火山ガス

一九九七年九月十五日、福島県の安達太良山、沼ノ平から登るルートで、硫化水素ガスによる火山ガスで四人が亡くなる事故があった。十四人のグループ登山だった。青森県八甲田付近では、一九九七年に田代平で三人の自衛隊員が、二〇一〇年には酸ヶ湯温泉付近で一人の女性が同様の火山性ガスで亡くなっている。

硫化水素ガスは空気より重いため窪地などに溜ま

る。硫黄の臭い、いわゆる卵の腐ったような臭いを感じたら、すぐに高いところや尾根などの風通しのいい場所に移動しよう。臭いがしないガスもあるので、立ち入り禁止になっていたり、注意書きがあったりする一帯には入らないようにしよう。危険を感じたときは水で湿らせたタオルを口に当てる一時的な対応方法もあるが、一刻も早く安全な場所に移動することが大事だ。

長野県警山岳情報では「火山性ガス情報」として、浅間山、御嶽山、焼岳、乗鞍岳などの情報を随時伝えている。

(8) 熊対策

近年、熊が出没するニュースをよく聞く。私は遠くに見たことはあるが、接近したことはない。遭遇しないよう「熊よけ」をしているからだ。

熊に遭わないためには、登山者の存在を熊に早めにしっかり知らせることが大事だ。方法として一般に鈴を鳴らすとかラジオをかけるなどといわれるが、あまり効果的ではないと思う。鈴は北海道で熊よけとして広まった。大雪山などの樹林が少ない稜線では音が通るかもしれないが、尾根が入り組んだ山道では適していない。沢の付近では水音がある。風の強い日もある。尾根の裏側までは音は届きにくく、互いに気付かないこともある。もちろん相手とは熊のことだ。

私はホイッスルや指笛、コールをする。ストックを打ち鳴らすこともある。尾根を越えたり、

冬眠から覚めたばかりの熊＝4 月の宮城蔵王

谷を過ぎたり、地形を見たりして、熊に呼び掛けるように音で知らせている。コールとは声で合図をすることで「ホーホー」と声を出すなど、やり方は人それぞれだが、最近は大声を出せない人が多いので、ホイッスルを勧めている。鈴をジャラジャラ鳴らしながら歩いたり、ラジオをかけたまま歩いたりするのは、後続の人に迷惑だ。

熊の撃退用としてスプレーが販売されているが、現実的ではない。私は試しに通販で小型のスプレーを二個買って、しばらく携行したことがある。いざというときのために立ち木で練習してみたが、とっさの場合、目標物に当てるのは至難の業だ。説明書には何回も噴射できるとあったが、徐々に噴射力が弱まり、飛ばなくなった。どんな根拠で製造して販売しているのか、疑問を感じる商品だ。

熊に関する知識は、マタギをテーマにした本を読

む と参考になる。遭遇した人の記録やマタギの話から学ぶと、①遠くに見た場合②危険を感じる距離しかない場合③鉢合わせした場合——では、それぞれ対応が違う。

①熊の姿を遠くに見た場合は、声を上げるなどして威嚇する。

②近距離の場合は、熊の目からそらさないようにし、声を出したり威嚇したりせず、こちらから危害を加えないことを伝える態度でゆっくり後ろに下がり、その場から避難する。ザックを静かに置いて、ザックに関心を持たせるのも方法だ。後ろを向いて逃げると、熊は追って来る習性があるので絶対にやってはいけない行為だ。

③出合い頭に熊に襲われた場合は、自分の命を守るため、首に両腕を回してしゃがみ込み、致命傷となる顔、首、腹を保護してじっとこらえる。噛まれるかもしれないが、熊は肉食ではないので、攻撃する以上のことはしない。攻撃が収まれば離れる。ただし、近くで様子を見ている場合があるから、しばらくはじっとしている。

熊の糞

熊に出合ったことを自慢げに話す人がいるが、登山者として適切な熊よけを怠ったに過ぎない。熊に出合うのは危険だが、熊にとっても迷惑なことだ。なぜなら、人間に危害を加える恐れがあるという理由で駆除されるからだ。駆除という言葉は人間側の勝手な言い分で、探し出され射殺されることになる。

岩壁の頭上に見つけたスズメバチの巣

(9) ハチから逃れる

登山中に限らず、スズメバチによる死亡事故が報じられている。夏から秋にかけて要注意なので、体を露出しないようにしよう。防虫ネットの使用も効果がある。ハチは黒い部分を狙うので、特に目を刺されないよう注意したい。ほかにもミツバチ、アシナガバチ、クマバチも刺すので注意したい。

スズメバチは左右に動くものに敏感に反応する。大声を出したり手や衣類、タオルで払ったりすると、ますます攻撃的になる。ハチに遭遇した場合には姿勢を低くしてゆっくり遠ざかろう。ハチが出現する近くには巣があるので、その場を早く離れれば安心である。巣は土中にも作るので要注意。

刺されたら、まず安全地帯に逃れ、刺された個所を冷水で冷やし、針が残っている場合は除去する。仰向けにして頭を低くし、吐き気があれば横向きにする。重症の場合は死に至ることもあるので、応急手当てをして早急に医師の治療を受けた方がよい。ハチアレルギーの問題もあるので、症状によってはレスキューの要請も検討すべきだ。

ハチやヘビの毒を吸引する器具として、ポイズンリムーバーがある。薬局で取り寄せてくれる。

(10) 蚊、虫よけ

登山中の蚊、ブヨ、アブ、ダニ、山ヒルなどにも注意が必要だ。蚊は五月頃から大量に発生する。予防には頭から被る防虫ネットを用いるとよい。白、黒、グリーンと多種あるが、白は見えにくく、黒やグリーンは虫が集まりやすい。そこで私は、白いネットを用い、顔の部分だけを黒く塗って使用している。蒸し暑さは問題だが、防止はできる。手袋も欠かせない。短い手袋は手首付近の空いた部分が刺されやすいので、長い手袋を使用した方がよい。私はゴルフのキャディー用の手袋などを試している。

頭に被るネット以外では、虫よけとして携帯の蚊取り線香やスプレー、塗り薬、シール式(貼るタイプ)のものなどが薬局やホームセンターに多種並んでいる。効果のほどは、使用する人によって評価もまちまちだが、刺された後の塗り薬は必携だ。

ブヨはハエに似ているが四分の一ほどの大きさだ。刺されてすぐには気付かないが後で大きな腫れが出る。アブは山中よりは登山口や河原などで見掛ける。

山中ではイエダニよりも大きい数ミリの赤や茶色のマダニを目にすることがある。食い付いて吸血すると数倍の大きさになる。紅斑があったり、ダニが肌に刺さっていたりしたら自分で取り除かずに医療機関で治療を受けよう。ダニの口器が残ると切開が必要となることもある。また感染症の恐れもあるので要注意だ。

山ヒルはダニと同じように、刺されると跡が残る吸血鬼である。吸い付かれたら消毒アルコールが効果的で、近づけると離れる。ライターやタバコの火もよい。私はネパール・ヒマラヤのモンスーン時期のキャラバンで、現地語で「ズガー」と呼ばれるヒルに悩まされた。いくら用心しても、いつの間にか食い付いている。木の上から落ちて来るので傘を差して歩くこともあった。水牛の顔や体にピンポン玉ほどに膨れたヒルがぶら下がっているのをよく見掛けた。

いずれも、刺されたらできるだけ早く薬を塗るようにし、長引くときは専門医で治療を受けることを勧める。

(11) ヘビ対策

北海道には四種類、本州には八種類のヘビが生息していると言われる。少なすぎるような気もするが、ヘビの専門家でもないし、特段親近感を持っている訳でもないので、通説の紹介にとどめざるを得ないのだが、どうだろうか。名の知られたヘビは、アオダイショウ、シマヘビ、ジムグリ、シロマダラ、ヒバカリ、ヤマカガシ、マムシ、タカチホヘビなどである。その中で毒ヘビはマムシとヤマカガシだが、山中で種類を判別するのは難しい。

重症になると腎障害や心不全を起こし、死に至る危険性もあるので、咬まれたら傷口の上を軽く縛り、早急に下山して医療機関の治療を受けた方がよい。体を激しく動かすと毒の回りが早くなるので、走ったりせず、できるだけ安静状態で移動するのが望ましい。口で吸い出すのは危険なのでやめるべきだ。

山中ではヘビを捕獲しようとしたり、いたずらをしたりしない限り咬まれることはあまりない。ヘビの被害は、登山者よりも山菜、キノコ採りでのケースが多い。手袋を着用し、地面を棒などで探りながら歩くようにしたい。

登山者の注意で防ぐ

安全登山を実行するには、身体的なトラブルへの対処法もポイントになる。病気、低体温症と凍傷、熱中症、雪目、足のトラブル——について、それぞれ考えてみたい。

(1) 病気

警察庁から発表される遭難統計で「病気」の項目が四番目にある。二〇〇九年度は百四十六人で疲労百二十九人と合わせると、遭難者数二千三百三十五人の一三パーセントに上る。ここで挙げている病気は登山特有の高山病や熱中症のことではない。腰痛、高血圧、高脂血症、胃腸病、糖尿病、心臓病など、一般的な病気や疲労で遭難するケースだ。前に「心臓病のニトロなどの薬を持っている人は事前に知らせてほしい」と書いた。それは薬の所在を知っていれば周りで対応できるし、参加者の自覚を促す目的もあるからだ。

風邪をひいたまま参加されるのも困る。車内での感染もあるし、本人のコンディションも心配だ。多人数での登山のときにはマイクロバスで登山口から移動することがある。縦走などで下山口が違う場合、運転手に降りたところで一時間は待ってもらった。歩き始めて早めに判断できればバスに戻ることができるからだ。私は、歩き始めは早めに休息を取って、参加者のコンディションを確かめることにしている。過去五年間六十回の登山で、バスに戻ってもらったことは五回ほどある。この方法で未然に事故を防げたともいえる。

私はヒマラヤ登山に臨む場合は、特に健康状態に気を使った。風邪をひいたままベースキャンプに上がれば下山するまで治らない。虫歯があれば必ず痛みが起きる。空気が薄く酸素量の少ない高所では体の弱点が現れる。病気の発病や疲労で遭難すれば、同行者を含め多数の人に大きな迷惑を掛けることを認識すべきだ。ベストのコンディションで臨んでほしい。

健康に心配な点があれば参加を控えるか、出発前にリーダーに伝えてほしい。薬品類を常時携帯することも大事だ。救急講習を受けて知識を高めておくことも必要だ。後に記す「救命・救急講習受講の勧め」を参照していただきたい。

（2）低体温症と凍傷

二〇〇九年に起きた北海道トムラウシでの大遭難で、低体温症が一気に知られるようになった。実はその六年前にもトムラウシで二人、十勝岳で一人が低体温症により死亡している。繰り返されたことが残念である。遭難が起きると「教訓として……」といったことが言われるが、何が原因だったかを知り、具体的な対応がなされなければ悲劇は繰り返される。

私は寒さに関して多くの体験をして来た。チリ雪崩の岩壁を十五時間掛けて登ったり、氷点下三五度の冷凍庫で訓練したりもした。雪の中のテントや雪洞で泊まったことも数多い。一般に風速が一メートル強くなると体感温度は一度下がるといわれる。夏山でも氷点下近くになることは多い。低体温症は最悪の場合死亡するが、前兆がいくつもある。それを知っていれば未然に防ぐことができる。

低体温症は体の中心の温度が三五度以下になった状態である。前兆として悪寒、震えが始まり、歩行のバランスが取れなくなってよろめいたり、眠気が出るなどの症状が順に起きて、会話に支障が出たり、意識不明や錯乱状態になったりする。重症になると半昏睡状態に陥り、心拍や脈拍微弱となって死に至る。「寒い」という最初の段階を簡単に考えず、しっかり対応すべきだ。

寒さは急激に来ることもある。ヒマラヤ登山で胴振るいするほどの悪寒を感じたことがあった。テントのそばでのことで、頭からシュラフに潜り込み「助かった」と思った。温度差の激しい高所でのことだが、体感温度の対応は迅速にすべきだ。

体が冷えないよう携行品の準備が必要だ。いくら着込んでも、首、そで、足首から体温が奪われる。私は寒い時期になると小さなスカーフが離せない。首に巻いたり外したりして体温を調節する。手袋や靴下、スパッツの選定も大事だ。

冬の黒伏山。左のピナクルの右下の窪みが、私が登った中央ルンゼルート

休むときはすぐに一枚羽織る。寒さを感じてから着る人が多いが、その前に対処したい。携帯カイロを早めに使うのもよい。最近の下着類の品質は数段の進歩があって乾きは早い。だが完全な乾燥までは行かないので過信してはいけない。

汗、雨で濡れた衣類も、低体温に大きく影響する。私は乾いた下着上下を非常用にパッキングしてある。いざとなったら全部着替えるつもりだ。

凍傷は低温が原因で皮膚や皮下組織に生じる障害である。極度の低温の場合に限らず、長時間寒冷にさらされても起きる。タイトルは「低体温症と凍傷」としたが、寒さで起きる点は共通しているものの、大きく違う点がある。身体の保温は保たれていても、手足や顔の防寒対策が不十分であれば凍傷となる。

私は二回凍傷を負った経験がある。冬に山形県の岩壁、黒伏山に登った。早朝から登り始めて山頂部にたどり着いたのは夜中の十二時だった。翌朝、両方の指が靴の紐を結べないほどの凍傷を負っているのに気付いた。チリ雪崩の中、手がかりを探りながら長時間登ったためで、指の先にしばらく、しびれなどの支障が残った。

　二度目はネパール・ヒマラヤ、カンチェンジュンガ登山のときで、標高七、三〇〇メートル付近を往復する日々の中で起きた。最終の山頂は八、五〇〇メートルなので、途中で高所用の防寒性の高い靴に取り替える予定であった。しかし荷揚げ作業の関係でアイゼンを調整する道具がなかったため取り替えることができなかった。その結果凍傷になり、足の指先が黒ずみ、痛みが伴った。長期の登山で医師も同行していたので治療を受けながら登山を続けるうち、黒くなった皮膚がはがれ、回復に向かった。

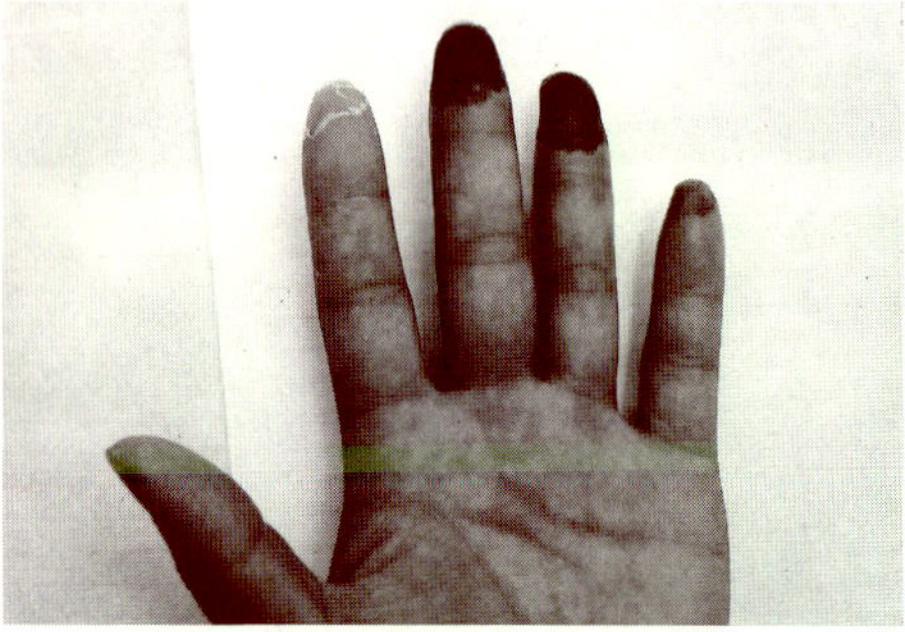

手の指の凍傷＝ヒマラヤ登山時

　それ以来、アイゼンケースには必ず調整するレンチを入れておくことが習慣となった。このときの登山で遭難者は出なかったが、メンバー二人が手足に重い凍傷を負い、下山はポーターに背負われて長いキャラバン路を下った。

　私が初めて登山隊長を務めたチベット七、〇〇〇メートル峰の登山で、アタックした四人のメンバーのうち一人が両足に凍傷を負った。下山して帰国後に入院したが、指の一部を切断することになった。未踏峰を全員が登頂した登山だっただけに、非常に残念だった。

著名な登山家が凍傷で指をなくした例は少なくない。岩壁や急峻な壁は厚い手袋では登れないことが多い。細かい手掛かりを拾って登るからだ。カラビナなど金属を使うこともあるし、凍ったザイルをさばく作業もある。ギリギリの状況に挑んだ結果ではあるが、自分で管理する以外に身を守る術はない。

凍傷になったら、現場ではまず体の保温をして患部を四〇度ぐらいのお湯で温める。揉んだりさすったりしてはいけない。下山してから専門医の診断を受けるが、最悪の場合は切断することになる。正しい知識に基づき防寒対策を行うことが、低体温症と凍傷の予防につながる。

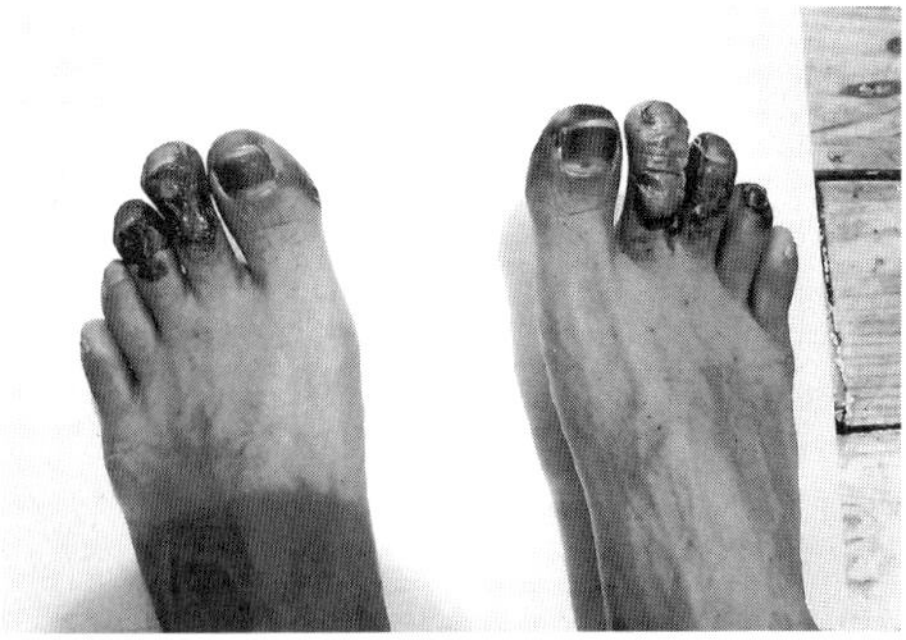

足指の凍傷＝ヒマラヤ登山時

(3) 熱中症

熱中症は、高温多湿の環境や炎天下で、体温の調節がうまくできなくなることによって起こる体の不調で、特に体温調節機能が未発達な幼児や、調節機能が衰えてくる高齢者のリスクが高い。登山は激しい運動ではないが、蒸し暑い中で大量の汗をかき、熱中症になることがある。脱水症状が続くと倦怠、疲労、あくび、めまいなどが起きて意識を失い、生命にかかわる。

熱中症を予防するためには、日除けの帽子と着衣の選び方に気を付け、水分と塩分を十分補給し、休息を取りながら歩くようにしたい。体調が悪いときや疲労が激しいときは中止して戻るぐらいの用心をすべきだ。

若い頃、真夏に山仲間と朝日連峰の竜門小屋を目指したことがある。しかし、あまりの暑さに木陰で横になった。昼前だったが登るのを一時中止し、夕方まで待ってから登った。標高の高いところでも風がなく温度が高くなることもある、決して無理をしてはならない。

熱中症になったら、風通しのよい涼しい場所で安静にしよう。衣類を緩めて濡れタオルで冷やし、スポーツドリンク、または水と塩分を補給する。けいれんがある場合はマッサージをする。それでも回復しない場合は救援要請も検討しなければならない。

(4) 雪目(雪眼炎、雪盲)

雪のある山ではサングラスまたはゴーグルは必携だ。雪から反射する紫外線で目に炎症を起こす。ひどい場合は強い痛みが生じ、目の中がゴロゴロ、ザラザラして涙が止まらない。

まだ雪の多い富士山に登ったとき、メンバーの一人がサングラスを忘れて登り始めた。途中で忘れたことに気が付いたが、大丈夫だと思って八合目付近まで登り、テントを張った。夕食をつくっている頃から、彼は目に異常を感じて来た。痛みも伴い、一晩中、涙が止まらず苦しんだ。ヒマラヤ登山の訓練が目的だったが、翌日彼は二人に体を抱えられながら下山することになってしまった。

紫外線は日差しがないように思えても影響があるし、歩いていると雪目を感じない場合もある。雪目になったら眼を閉じて安静にし、冷やすとよい。冷感湿布があればなおよい。ひどい場合は痛みや涙が数時間以上続くこともある。

私は常に使うサングラスのほかに予備を持参している。破損したりなくしたりしたときのためである。持って来ない人に貸すこともある。紫外線は白内障の原因の一つとも言われる。目の保護には気を付けよう。

(5) 足のトラブル

「一日一万歩」は健康維持の目安と言われる。通常の日帰り登山で歩く歩数は二、三万歩程度であるから、週に一、二回の登山はいい運動になる。

ヒマラヤ登山のキャラバンでは片道十日以上も歩き続けることがある。江戸時代の旅人のように毎日、集落から集落へとひたすら歩く。そしてベースキャンプに着いてから、さらに登山をする。そのような経験を何度もしているので、歩き始めて三日目ぐらいから調子が出るという感覚を得ている。歩くリズムができてくる。だから普段の山登りも、あまり間を置かずに続けるのがベストだ。それには健康な足を維持するのが一番だが、同時に足のトラブルと対処法を知ることが大事だ。

「登山は足が命」とは思ってはいたが、自分自身が歩けなくなって初めて、足について考えるようになった。五十五歳のときに屋久島の山頂付近で、左足の太ももの筋が切れ、ヘリで救助してもらったことがある。内出血するほどの肉離れであった。その前まで登山が続いていたので疲労もあったと思うが、水分、ミネラルなどの不足もあったかもしれない。そして何より加齢によるものだったと思う。もう昔のようには歩けない、切り替え時期だったのだ。また山を登れるようになるまで一ヵ月以上を要した。

実は歩けなくなったことは過去にも二度ある。三十七歳のときに椎間板のWヘルニアで半年入院の末に手術となり、さらに二ヵ月の入院生活をした。その三年後のヒマラヤ登山で雪崩に巻き込まれた。手術で完治したかに見えた背骨がずれてしまったのだ。中国のかなり奥地で特殊な場所だった。シェルパの背で運ばれ、ラクダの背に揺られ、車、飛行機を乗り継いで帰国できたのは事故から四十五日後。仙台に戻ってから三ヵ月間の入院となった。

どちらも、寝床の周囲を杖で歩くことから始まり、数ヵ月掛けて平地を長く歩けるようになった。登山ができるようになるまで半年以上は要した。足のけがではないが、起き上がれずにいたため、足が萎えてしまったのだ。歩けること、山に登れることのありがたさを感じる体験を三度もしたが、その中でさまざまな知識を持つことができた。

中高年の登山者は半数以上が腰痛や足の問題を抱えて山を登っているという専門医師のデータがある。足は体重を支え、そして背には荷物がある。日帰りの荷物は十キロ程度、小屋泊なら五〜十キロ増える。登山中の足はその重さを長時間支えなければならない。足の強化、トレーニングという課題はあるが、以下、登山中のトラブルとして、靴擦れと足のマメ、足つり、足裏筋膜炎、膝、けがについて説明しておこう。

①靴擦れ　靴擦れは靴に当たる部分があれば、少しの歩行でも痛みを感じる。靴は購入するときの選び方に問題がある。販売店に持参して生地を伸ばすなどの方法で修復できる場合もあるが、限界がある。解決しなければ登山には使えない靴となる。

②足のマメ　靴と足の表面が擦れることで火傷と同じような水泡ができるのがマメだ。靴が新しく馴染まないために起きることもあるので、様子を見るか、前述のような靴の対応となる。普通は通常より長い歩行のときに起きるが、個人差がある。足のマメが出やすい人もいるようだ。

登山の熟練者でも、長時間の歩行でできる場合がある。歩いていて自覚症状があれば水泡ができる前に早めにテープを貼るとよい。テープは足のマメ用テープのほか、テーピング、布絆創膏でもいい。気になるところに貼れば、それ以上の進行を防ぐことができる。足のマメ防止のクリームも販売されている。

私は緊急用品として布ガムテープを少量巻き取ってパッキングしている。衣類の破れにも使えるからだ。傷用テープは薄いし、粘着力が弱くて歩行中にずれてしまい効果がない。より厚手のテープが有効のようだ。ただし、テープ類で皮膚のかぶれが出る人もいるので注意したい。

水泡ができると、歩いているうちに潰れることが多い。その場で消毒できればいいが、無理であればテープだけ貼っておき、下山後の処置となる。針があれば潰してからの処置となる。針はライターの火であぶってから使用すれば安全だ。

足のマメの痛みは歩けないほどの支障ではないので、下山後に消毒などの処置をすればよい。登山の経験を積めば靴の選び方、早めのテープ対応もできるようになる。足の皮膚も強くなり、マメはできにくくなるだろう。

③つる　「足がつる」というのは、一般的に睡眠中に起きて激しい痛みが伴うことで知られる。ふくらはぎ(腓《こむら》)に起きることが多いので「こむら返り」とも呼ばれる。激しい運動中や運動

キナバル山を望む

後に起きることもある。登山中は、ふくらはぎと太ももに起きることが多いが、足裏、指に起きることもある。痛みは長くは続かないが、筋肉が硬くなって一時的に歩行できなくなる。

登山での足つりは、「つりそうだ」という事前の自覚症状があり、睡眠中の激しい痛みほど痛くはない。痛みというより、筋肉が強く張る苦しさがある。グループ登山では、メンバー内に必ず起きるという前提で対応する必要がある。それぐらい頻繁に起きる。私は登山リーダーの立場で、今まで数多くの足つりを見て、その都度、アドバイスや対応をしてきた。

以前、キナバル登山に参加したご夫婦がいた。ご主人は登山前から奥さんの体力をしきりに心配していたが、登り始めて一時間ほどで、ご主人の足がつった。キナバル（四、〇九五・二一メートル）は富士山と標高が近く、登り方も似ている。登りはゆっくりだが八時間掛けて標高三、三〇〇《メートル》地点の小屋に泊まる。翌日は早朝二時頃から出発して六時頃に登頂する。一般登山にしてはハードなものだが、その初期段階で足がつったのである。何度も休みを取るなどの対応で、遅くなりながらも何とか小屋にたどり着き、翌日、登頂も果たすことができた。キナバルは世界遺産の山であり、現地の方のガイド、ポーターのサポートを受けられるという状況判断もあったが、足つりについて正しい判断ができなければ、即、救助要請ということにもなりかねない。

　足つりの原因は筋力不足、水分、ミネラル不足、血行不良が挙げられる。登山の現場で体力、筋力のことを言ってもしようがないので、足つりが起きたらまず休ませることが必要だ。足を伸ばし、スポーツドリンクや水とミネラルを摂り、軽くマッサージをする。足を伸ばした状態でつま先を手前に引いたり、正座をしたりするのもよい。足は温め、冷やさないようにする。

　足をつった本人は皆に遅れまいとして気がせいて急ぎがちだが、できれば三十分ぐらいは休息すべきだ。歩き始めて再度、症状が出ることが多いが、その繰り返しで歩行し続ければ治まる。冷静に対応すれば解決する。

　登山前にしっかりとストレッチをすることも大事だ。足つりは病気が原因の場合もあるので、頻繁に発生するときは専門医に相談すべきだ。

④足裏の痛み

足の裏に痛みを感じて、歩行に支障が出たことがある。足底筋膜炎、または足裏筋膜炎ともいい、土踏まずなどに炎症が起きて痛くなる症状だ。陸上やマラソン選手などに多く起きるらしい。私は整形外科の診察を受け、土踏まずにパットを入れてからは痛みがなくなった。私の足が甲高であることも、炎症を起こしやすい原因とのことだった。今は登山靴にインソール(中敷き)を使用している。支えられなくなった足裏のアーチを補強していることになるが、短時間の登山時には使わないようにして、足裏の強化も心掛けている。足裏の状態は個人差があるし、膝や股関節への影響も考えられる。症状が出たら、必ず専門医の診断を受けた方がよい。

⑤膝

登山に限らず膝の問題を抱えている人は多い。高齢化による健康問題では代表的な課題だ。まさに加齢が原因であるが、それればかりを言っていては解決しない。まず専門医に相談することだが、必ず「登山をしたい」と伝えてほしい。安静にしていては解決しないことは近年の研究で分かっているが、従来の温めたり、冷やしたりの長々とした治療を行う医院もある。医療や理学療法は日々進歩している。信頼できる医師を探し、あきらめずに問題を解決してほしい。

膝用サポーターは登山専門店で販売しているが、薬局でも使いやすいものを扱っている。膝の痛みは特に下山時に出ることが多いので、下山時のみ使用するのもよい。私自身は使用しないが、参加者のために常時持参し、貸し出すこともある。ストックを使うと膝の負担が軽減するので、使用を勧めている。

⑥けが　登山でのけがは捻座、肉離れ、アキレス腱断裂などがある。まずは転ばないことだが、それについては「転倒、滑落しない登山法」で説明した。転んだらすぐ起き上がろうとせず、慎重にしっかり体勢を整えてから起き上がる。残雪時は特に足元が不安定となる。輪カンジキを付けていることもあるので、片足が入り込んだときは急いで足を抜かないように注意する。ザックを降ろしてゆっくり対応しよう。

雪の中は枝や根で複雑になっているので、足首の動きに無理が出て簡単に捻座する。捻挫は症状により何とか自力で歩行できる場合と、仲間のサポートで下山できる場合があるが、歩行が無理な場合もある。そうなると救助の要請が必要となり、山岳遭難となってしまう。

けがをしたときの応急処置に「ＲＩＣＥ（ライス）」という言葉がある。

R（rest）……………できるだけ動かさず安静にする。骨折や重度の捻挫の場合には、患部を木などで応急固定する。

I（ice）……………冷やして痛みを軽くし炎症を抑える。

C（compression）…患部を圧迫することで出血と腫れを防ぐ。伸縮包帯があれば便利だ。
E（elevation）……けがの部分を心臓より高くすることで、内出血を防ぎ、痛みを軽減する。

登山ではいつまでも横になって安静にしてもいられないので、臨機応変さが必要だが、知っていれば基本的な対応ができる。

捻挫や打撲の直後はまず冷やすこと。流水や雪があれば利用する。水に浸したバンダナ、タオルなどを使う。コールドスプレー、冷湿布などがあればなおよい。

コールドスプレーは効果的な応急冷却だが、長く冷やすと凍傷の恐れもある。使用説明書をよく読んで注意すること。アイシングも冷やし過ぎないよう、約二十分間隔を目安とする。市販されている温湿布と冷湿布があるので、効能書きをよく読んで準備しておくのもよい。捻挫・骨折にはテーピングや当て木の応急処置法、搬送方法などがあるが、「セルフレスキュー」の項で説明する。

登山は瞬発力や激しい運動を伴うスポーツではないが、まれに肉離れ、アキレス腱断裂もある。肉離れは筋肉の損傷だ。登山ができるようになるまでに回復はするが、けがの程度や年齢により長く影響する。原因は筋肉の疲労や過去の損傷などが考えられる。私の屋久島でのけがもそうだった。けがや、膝、腰などに心配な点がある場合は早めに専門医の治療を受けた方がよい。

冬の蔵王のテント生活

特に中高年は専門医やスポーツトレーナーのアドバイスを受けながら健全な足を維持するよう努めたい。けがをしないためには、日頃の脚力強化と登山前後のストレッチを念入りにすることに尽きる。

主に日帰り登山のトラブルを説明したが、山小屋やテントの山中泊では炊事でやけどをすることもある。足のやけどは歩行できなくなるので注意したい。テント内ではブタンガスの交換による引火もある。必ず外に出て、しっかりボンベを取り替えること。一酸化炭素中毒もあるので換気も忘れないようにしよう。また、アイゼンやピッケルは使用方法を誤るとトラブルとなる。アイゼンは自分の足に引っ掛けて転倒することもあるので、歩行に慣れておきたい。ピッケルを体に刺してしまった例もある。しっかりした技術を身に付けることが大事だ。

自家用車利用のトラブル

登山口までの経路で起きる事故やトラブルはあまり注目されないが、登山の注意に加えて知っておくべきだ。気の合った仲間同士で自家用車に乗り合わせて出掛けることは多い。私自身もワゴン車を運転して登山講座を実施している。登山は自宅まで無事戻って完結するスポーツだ。運転手と車両はメンバーの命を預かっているという意識を持つことが大事だ。特に東北地方は雪道の期間が長い。トラブルの実例と事故防止法を伝えたい。

二〇一一年の春、吾妻連峰の登山帰りにワゴン車が林道の路肩から転落したという事故の報道が流れた。十二人が重軽傷を負って救助隊に救出された。これは高校山岳部の登山で、定員オーバーの乗車と進入禁止となっていた林道に入り込んだことが露見した。ブレーキが利かなかった――とも報じられたので、整備不良や運転ミスも考えられる。

登山口へは一般道路から林道を奥に入る。車のトラブルが起きて助けを求めるにも、携帯電話の電波が届かないことも多いし、救援要請も簡単ではない。使用する車両の選択と搭載しておく装備品、運転手の経験などにも留意する必要がある。

山道には四輪駆動車は絶対条件で、車高が高い車が適している。私のワゴン車は底部分を特注で鉄板補強してもらっている。運転者は長距離や高速道路の運転に慣れていることが条件だ。中高年の登山者が多い現状では高齢者の運転もあるだろう。その基準設定は難しい面があるが十分に考慮したい。

トラブルを予想して対処する方法を知っておくことも必要だ。車両二台以上で出掛けるのも安全対策の一つの方法だ。一番気を付けるべきは車のキーの紛失である。スペアキーを準備して、登山中は二ヵ所に保管するなどの工夫をしたい。

林道の走行では立ち木や草で車体に傷が付く。登山者が同乗することで車内の汚れや臭いの問題もある。最初は自分の車両を使うことを快く引き受けても、次回からは敬遠する人が多い。登山使用車のリスクを知るからだ。

昔はバッテリーのトラブルの対応で、坂の上に駐車しておき、万が一のときは傾斜を利用してスタートさせようとする乱暴な知恵もあった。車を押せばエンジンが掛かるマニュアル車でのことだが、オートマ車では通用しない。救援時には長めのブースターケーブルが必携だ。林道では車道幅が狭く車の横列ができないからだ。牽引ロープも積んであれば、なお安心である。冬用のタイヤチェーンはぬかるみや滑りやすい場所にも有効であるから、いつも積んであれば心強い。

林道でのタイヤパンクもある。オートマ車では、普段サイドブレーキをしないことが多い。以前、傾斜のある砂利道でタイヤ交換をした。ジャッキで上げるたびに車が動いて大変な思いをした。しっかりとサイドブレーキを掛け、車止めの器具も必ず使用しよう。石をタイヤの下に挟むのも一つの方法だ。

冬の道で怖いのはブラック・アイスバーンである。凍った路面でハンドルが利かなくなり、車がクルッと回転するようなことは、運転暦の長い人は経験しているだろう。以前、雪山講座に若いカナダ人が参加したときに、黒光りする凍った道の怖さを「ブラックアイス」と表現して伝えたら、カナダでもそうだと聞いた。日中の解けた雪が夜に凍ったときや、早朝の低温時に起きる現象だ。見た目では単に雨に濡れた路面のように見えるから怖い。車を降りて足で確認するくらいの用心が必要だ。

東北の高速道では十一月中旬を過ぎると、雪道の危険を知らずに起きる事故が急増する。登山者に限らず、冬の道路事情と注意点を広く知ってほしいと思う。スキー場ではサイドブレーキを掛けないのが常識である。駐車中に凍結すれば解除できないからだ。ワイパーを上げておくことも同じだ。風が当たる側のドアが凍り付いて開かなくなることもあるし、鍵穴にキーが入らなくなることもある。そのときはキーをライターで熱すれば解決する。バッテリーが低温の影響で機能低下することもある。バッテリーが車体の前部にある場合、「風下になるように駐車すべし」とマニュアルにも明記されている。

道の凍結状況によっては冬タイヤでも走行が無理な場合がある。路上がスケートリンク状になった場合だ。だからタイヤチェーンは必携である。チェーンは無雪期でも悪路での脱出などに有効なことは前述した。取り付け作業は降雪、吹雪の寒い中で行うことが多い。走行車の多い中での危険もある。素早く取り付けられるよう、必ず練習しておこう。

冬場のディーゼル車の給油に関しても触れておきたい。東北地方に住んでいると気付かないが、給油スタンドでは、秋頃から寒冷地用の軽油に切り替わる。しかし南の暖かい都市部ではその切り替えがない場合があるようだ。ディーゼル車で広範囲に登山やスキーに出掛ける人は現地のスタンドで確認し、寒冷地用軽油を使用すること。また、満タンにしないよう注意したい。寒冷地用軽油でないと、満タン状態で凍り付くことがある。冬はスキー場が登山口となることも多い。スキー場付近ならトラブル時にすぐに救援を求められる環境にあるが、それ以外の登山口ではそうは行かない。

登山口駐車場での車中荒らしも多いと聞く。この対策は難しいが、多額の金銭やカードの所持は避け、免許証などは登山のザックに入れて持ち歩くようにしたい。

登山後の温泉利用時の盗難もある。知人の被害を何件か見聞きした。車のキーや免許証、財布類が盗まれたり、衣類がそっくりなくなったりした例もあった。ロッカーやフロントに預けるのが一番いいが、できないときは風呂場に持ち込むくらいの用心も必要だ。私は車のキーをいつも手離さないようにしている。遠方で盗難被害に遭うと、家に戻るまでのさまざまな手配が予想以上に大変になる。くれぐれも注意したい。

私は登山計画書を車のフロント部分の見える位置に置いている。登山口に登山計画書を置く箱がないところが多いし、万が一のときに車の使用者が分かるようにしておきたいからだ。

最後に同乗する登山者のマナーについてひと言。車内を汚さないように、替えの靴と着替えの準備をしておこう。ストックやピッケルをザックに付けたまま乗り込むと、車内に傷が付くことがある。ザックから外して慎重に足元に置くようにしたい。

その他、登山口までのアプローチで気を付けたい注意点をまとめた。

①天気と道路情報を確認する　天気予報はもちろんだが、訪問する地域の道路情報を事前に確認しておく。各市町村への問い合わせを勧めるが、国土交通省の「道の相談室」、財団法人日本道路交通情報センターの情報もある。インターネットでは、各地のライブカメラで現地の道路をリアルタイムで見ることもできるので、冬道状況の確認に役立つ。

②ガス欠に注意　登山口に向かう道ではガソリンスタンドが少ない。冬場は燃料消費が早いし、長い渋滞もある。暖房が止まれば生命の危険もある。燃料の量に注意して不足しないように

冬の林道を奥に進む＝船形山

しておく。

③タイヤとチェーンのチェック　雪道走行ではノーマルタイヤは交通違反となり反則金対象でもある。道路の凍結状態では冬タイヤでも走行が無理なこともあるので、チェーンは必携である。チェーンは多種類あるが、従来の鉄のチェーンがよい。

④車間距離に注意　冬道ではブレーキを掛けてから止まるまでの距離が長くなるので、車間距離は長く取りたい。渋滞時の追突事故防止にもなる。

⑤ホワイトアウト時の注意点　山は濃い霧や吹雪で視界が極端に狭くなることがある。ライトやハザードランプを早めに点けて慎重にゆっくり運転しよう。

⑥不測の事態への備え　冬の走行では車装備品のほかに、いざというときに備えてシュラフや携帯カイロ、簡易トイレなどを積んでおくと安心だ。豪雪地帯では吹きだまりに入り込むこともあるので、私自身も冬場はスコップの搭載を欠かさない。

第三章　登山の応用知識

チベットのチョウ・アウイ峰(7, 354メートル)。
1986年に私を含めた登山隊全員が初登頂した

遭難事例から学ぶ

日本の山岳遭難史で強く記憶に残るのは、一九〇二年に起きた八甲田での大遭難と、二〇〇九年のトムラウシの遭難である。どちらも悪天候が大きな原因と言われるが、「戻る勇気」の判断に踏み切れなかった点で共通すると私は思っている。八甲田での遭難は八甲田雪中行軍として知られる軍の活動なので登山とは違うが、山を舞台としたことでは同じだ。

日本の近代登山は十九世紀後半、宣教師などの欧米人が山々を登ったのが始まりと言われる。その歴史とも重なる百年余の経過の中で数多くの遭難があったが、登山者は今まで何を学んで来たのだろうか。

私は遭難救助隊に所属したことはないし、レスキューの専門家でもないが、四十余年の登山活動の中で遭難現場に五回立ち合い、自分がヘリコプターで救出された経験もある。登山講師として「遭難事例から学ぶ」をテーマとして、その時々に起きた報道ニュースや過去の事例を取り上げ、原因の分析や対応をレクチャーして来た。

私は一緒に登った仲間や知人を山で多数亡くしている。手元にある遺稿集や報告書は三十冊を超える。

一九八一年に登山したネパール・カンチェンジュンガ峰では、凍傷になったメンバーは数人いたが命を落とした者はいなかった。しかし、その後、そのメンバーのうち六人がそれぞれの山で遭難死している。インド、ネパール、パキスタンでの雪崩や滑落、アラスカ・マッキンレー峰の厳冬期での遭難もあった。日本アルプスの林道で除雪車の後を歩いて巻き込まれた人もいた。私もヒマラヤで雪崩に巻き込まれたが、奇跡的に助かった。岩登りやヒマラヤ登山は危険と隣り合わせのことも多く一般の登山とは違うが、事故例として伝えることは、遭難防止に役立つと思っている。ここではいくつかの遭難事例を取り上げ、私なりに学んだことや教訓として来たことを綴る。自分自身を守る知恵として読んでいただきたい。

(1) 自分ならどうするか

八甲田雪中行軍は、新田次郎著「八甲田山死の彷徨」で広く知られ、映画化もされた。

一九〇二年一月、日本陸軍の歩兵連隊が八甲田の北側、現在の青森市の南、田茂木野から田代高原に縦断する過程で二百十人全員が遭難し、うち百九十九人が死亡するという歴史上、類を見ない惨事であった。生き残った十一人も凍傷で手足を切断するなどの重傷を負った。ほとんどが東北出身の若者であった。命令に従うしかなかった兵士には大変気の毒であり、まさしく犠牲者と言ってよい。作戦を駆使すべき軍隊が、ただ無策に進んだ結果、兵士が次々と倒れていった無謀な行動であった。敵に追われていたわけでもない。吹雪や積雪に対応する訓練であるはずなのに、軍の上層部、リーダーの無知な判断力が露呈した結果であった。出発時に地元村民の案内の申し出を断ったとも言われている。事件後は軍や犠牲者への配慮から、反省や批判などが抑えられて来て、教訓が生かされずにきたのでは……と、私は思っている。

私が小説を読んだのは冬山登山に熱中していた二十代半ばであった。雪山の過酷な自然と対する人間の行動判断の描写が印象に残り、参考になる点が多かった。雪山を登る者にとっては必読の書と思っている。

小説や映画では事実が省略されることも多いし、脚色されていて現実とは違うこともあるだろう。山岳遭難の報道ニュースでは概要のみが伝えられて詳しく知るのが難しいことが多い。しかし、それでもよい。事故の真相や責任の追及だけではなく、なぜそうなったかを自分なりに推察し、「自分ならどうするか」を考えることだ。自由に想像すれば多くの原因を思い付くし、対策も考え出すことができる。現場の地図なども用意すれば、なお具体的に見えてくる。選択は一つではない。解答は複数あり、一歩入り込んで考えることで自分の知恵となり、後日、必ず役に立つはずだ。

私には若いときからいつも山仲間がいて、一緒に話す機会が多かった。登山を終えた車中では、帰宅してからあらためて国分町の行きつけの店で集まる約束をした。そして夜明けまで飲み明かすこともしばしばで、登山の話は尽きなかった。そんな中で、事故や遭難に対しては「自分ならそんなミスはしない」と意気がることもあったが、みんな事故原因を分析しようとする意識があったし、教訓としたことは数多い。今の登山者は報道ニュースの表面的なことは話題にするが、原因を推定したり対策を考えたりする場や機会が少ないと思う。だから同じような事故を繰り返してしまう。

(2) トムラウシ山遭難はなぜ起きたか

トムラウシの大遭難は、大雪山の旭岳(二、二九一メートル)から、さらに七つのピークとトムラウシ山(二、一四一メートル)を経由して、トムラウシ温泉までの約四十四キロを三日間で縦走する人気のコースで起きた。ガイド三人とツアー参加者男女十五人で旭岳側から出発したが、最終日の七月十六日に悪天の中を歩行し続け、トムラウシ山の稜線でリーダーのガイド男性一人と参加者七人が低体温症で次々に亡くなった。また、付近で単独登山者と見られる男性一人も遺体で発見された。

「大遭難」と表記したのは、その七年前の二〇〇二年七月にもトムラウシ遭難が起きているからだ。同様の悪天候で二人の女性が亡くなっている。同行したガイドは起訴されて裁判となった。「八甲田遭難と共通している」と冒頭で述べたのは、次の理由からだ。まず引率者が前進の

トムラウシ山の山頂

みを選んだこと、そして一つ一つの判断に問題があったこと。また、旅行会社のツアーである点が、私には軍という組織と重なって見えたからである。

この遭難報道は連日、繰り返し伝えられたし、旅行会社の報告もある。そして、遭難が起きた七ヵ月後の二〇一〇年三月一日に、社団法人日本山岳ガイド協会（東京）の事故調査特別委員会により「トムラウシ山遭難事故調査報告書」がまとめられている。選考された六人の委員が、ツアー参加者、ガイド、救助者などへの聞き取りと現地調査などを行って作成したものだ。ホームページで公開しているので全文を見ることができる。有料で印刷物も頒布されている。

当時、現場の標高二、〇〇〇メートル前後の稜線付近の気温は、周囲の測候所情報や風速などから氷点下に近いところまで下がっていたと推測されている。標

遭難現場となったトムラウシの北沼付近

高の高い夏山で、しかも北海道であれば当然あり得る。だから悪天候を理由に、「想定外」という言い訳は通用しない。現場の登山ガイドの判断ミスが原因であり、低体温症が直接的な死因となった人為的な要因であったが、主催者の責任は大きいし、登山ガイドのシステムにも問題があるように思う。

体感温度や疲労度は個人差がある。周囲の判断や指示ではなく、自分自身の判断が求められる。「寒い」「歩けない」などの限界を自分で感じた時点で対応していれば、命は守れたと思う。品質の向上した衣類への過信もよくない。非常用の着替えや携帯カイロを必携品として必要なときに使うべきだ。

この場で一つ一つ検証するつもりはない。前述した報道内容や報告書、市販されている関連書、「トムラウシ山遭難はなぜ起きたのか」(山と渓谷社刊)などもある。ただ読み流すのではなく、自分ならど

スイス・ツェルマットの山岳資料館入り口

うするかを考えてみよう。必要に応じて登山用品の点検や追加もしておきたい。

私は若い頃から登山に関する本をたくさん読んできたが、登山家の自伝的著書の中には、経験談としての事故例が必ず含まれている。

遭難例をまとめた本もあるし、遭難をテーマとした小説もある。まだ国内の登山の本が少ない時代、行ったこともないヨーロッパ・アルプスやヒマラヤ登山の翻訳本を多く読んだ。だから海外の山も含めた遭難事例をたくさん知り得たし、学ぶことは多かった。それが現在も登山生活を続けていられる要因の一つだと思っている。

(3) マッターホルン初登頂の栄光と影

マッターホルンの初登頂は一八六五年七月十四日、イギリスの登山家、エドワード・ウィンパーら

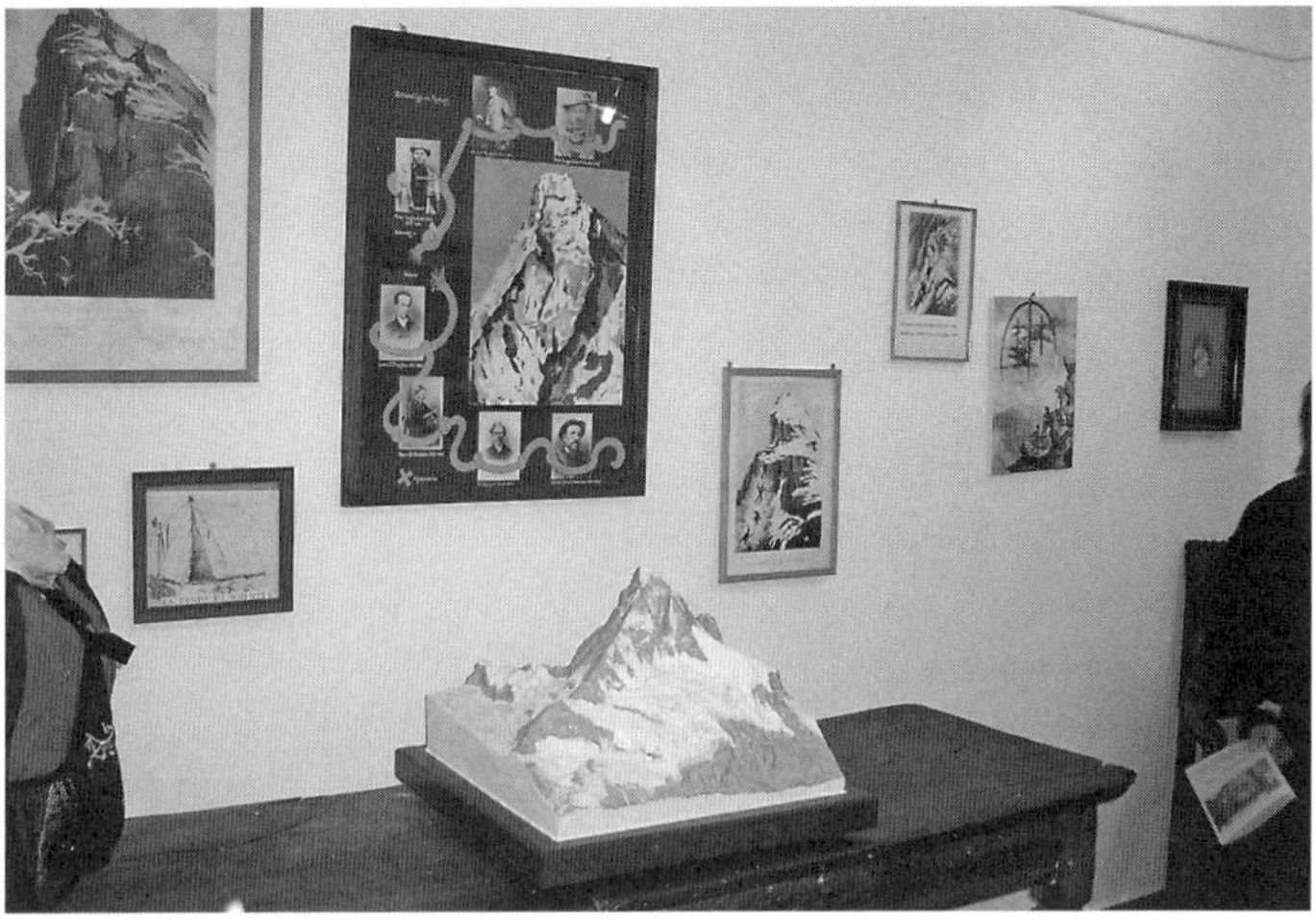

マッターホルン初登頂の栄光と悲劇の展示

七人で達成されたが、下山時に四人が滑落死している。詳細はウィンパー本人の著書「アルプス登攀記」(講談社刊)に載っている。マッターホルン山麓の町、ツェルマットの山岳資料館には、登頂の際に使用し、切断したザイルが展示されている。

「アルプス登攀記」は二十代のときに何度も繰り返し読んだ本の一冊で思い出深い。五十二歳のときにスイス・トレックで現地を訪れた際に、山岳資料館にも立ち寄って「初登頂の栄光と影」を目にしたときは感慨深かった。

あのマッターホルンの山容を見れば、当時の登山がいかに困難で危険なことだったか推察できる。十九世紀中頃、ヨーロッパ・アルプスで登山が始まり、その後、日本に伝わってきたといわれるが、原点を知ることも大事だと思う。

登山の草創期は困難や危険に対しての知識や技術

切れたザイル実物も展示されている

が乏しい時代であった。初登頂、初ルートへの強い思いが行動となって、若い生命がたくさん失われた。ヨーロッパ・アルプスのフロンティアが終わり、ヒマラヤの未知なる山を目指す時代に移る。その終焉となる時期の一端に私も加わることができたと思っている。

（4）ナイロンザイル事件の真実

小説「氷壁」（井上靖著）は近年、NHKのドラマにもなったが、昔から登山者によく読まれている本である。これは一九五五年に実際に起きた穂高連峰の前穂高（三、〇九〇メートル）東壁での「ナイロンザイルの事件」を基に書かれた。実は、このときに滑落して亡くなった登山者の兄で、登山家でもあった石岡繁雄氏（一九一八～二〇〇六年）が事件後は原因究明とザイルや安全器具の研究、開発を続けたことはあまり知られていない。石岡氏は、通商産業省（現経済産業省）の登山用ロープ（ザイル）安全調査委員として、安全基準を世界で初めて設けた一人でもある。著書に「穂高の岩場 上・下」「石岡繁雄が語る 氷壁・ナイロンザイル事件の真実」などがある。「屏風岩登攀記」のサイン入りの本を私は今も大事にしている。

「魔の山」と呼ばれる群馬県の谷川岳で、二〇一〇年十月三日に開催された慰霊祭では八百二人目の名前が慰霊碑に刻まれた。

私が岩登りを盛んにやっていた一九七五年頃、遭難者が五百人を超え、話題になって驚いた記憶がある。これほどに遭難者が多い場所は世界中にないだろう。より困難を求めようとする若い登山者が多数亡くなっている。私にも超えなければならない目標のハードルとして岩場のルートがあった。岩登りは一般登山とは違うが、そんな登山行為が今も続いている現実がある。そんな中で知識、技術が高められてきたのだと思う。

現代はツアー登山の増加により、登山者自身の意識は大きく変わった。「百名山」など有名な山をどれだけ登ったかを求めるケースが多く、山の多面的な魅力を知ろうとする登山者が少ない。登山は「困難」「危険」という課題に対して「無事下山」をゴールとするスポーツであると、私は思っている。登山の歴史は、遭難の歴史でもある。だから遭難事例を知ることが回避する方法でもあり、それが経験度合いの目安の一つにもなる。

（５）遭難事故に立ち会う

私が現場に立ち会った最初の遭難事故は一九七六年六月十九日、鬼首高原・禿岳（一、二六一・七メートル）だった。そのときにまとめられた「禿岳不動沢遭難報告書」（二十三ページ）が、今も手元にある。

六月二十一日の真夜中、就寝中の私のアパートに山仲間が伝令に来た。まだ携帯電話はない時代で自宅にも電話はなかった。深夜一時、仙台市役所前集合の招集を受けた。集まったのは前年ヒマラヤを登山したメンバーら六人である。そのまま車で現地に向かった。未明の鬼首高原登山口には数十人が集まっていた。

禿岳は宮城県大崎市北部、山形県最上町との境に位置する山だ。沢登りの入門として不動沢、火の沢などが知られている。不動沢の山頂に近いところに不動滝と呼ばれる岩壁がある。「核心部」という言い方もするが、そこに一番困難なポイントがある。その岩壁を登っていて事故は起きた。二人のパーティーで、トップを登っていた男性が滑落した。面識はなかったが、山仲間のつながりで救援依頼が来た。

私たちは沢を登り詰め、不動滝の基部までたどり着いた。横になったけが人の意識はなく、荒く息をしているだけだった。宮城県警のヘリコプターを要請はしていたが、来るかどうか分からなかったので、周囲の尾根を下ろすことを想定し、大勢の山仲間で樹木の刈り払いの作業を続けていた。

午前九時過ぎに待望のヘリが来た。上空を何度も旋回し、吊り上げるポイントを確認している。見上げる空が青かった記憶がある。

けが人をスノーボートに乗せ、ヘリが近づけそうな樹木の少ない傾斜まで移動し準備をして待った。スノーボートの周囲には、私たちヒマラヤに行ったメンバーが揃っていた。ロープやカラビナの使い方などに慣れていたからである。

ヘリが徐々に近づき、吊り上げるためのロープが下げられた。ヘリのロープが手元に下がって来たので、すばやくフックにスノーボートの各ロープを掛けて吊り上げた。スノーボートはやや回転しながら、空に舞い上がった。その瞬間、周囲の救援メンバーから歓声と拍手が起きた。

ヘリは高原に降りてから、けが人を機内に収容し、地元の医師が同乗して再び飛び立ち、仙台市内の病院に収容された。救援に来た人たちは現地で解散し、それぞれ午後には仙台に戻った。残念ながら、けがをした男性は翌日、病院で亡くなった。

私の記憶では、ヘリは宮城県警が導入したばかりで初出動であったとも聞いた。急峻な岩場への接近であるから平地とは違う。周囲に立ち木もあって大変に危険な状況だった。ヘリが巻き上げる風で、ヘリ自体が落ちてしまう現象(セットリング・ウィズ・パワー)があることも聞いていた。パイロットも決死の覚悟であったろうと思う。

事故当時、不動滝には先行するパーティー三人がいた。登るルートを待つ形になったが、別の

鬼首高原から見た６月の禿岳

ルートを探るため、左手の岩場に取り付いて十八メートルほど登ったところで落ちた。途中に支点は取られていなかった。下で確保するパートナーの頭上を越え、二十メートル以上の落差を一気に落下したのである。

　岩登りは通常、落ちたときの安全のために数メートルごとに一本のハーケンを打つか、木の幹などに支点を取るのが常識だ。だが途中に一切取っていなかった。

　この事故では二つの問題が浮かび上がる。一つは岩登りの基本的な知識と技術の問題。もう一つ、先行するパーティーへの対抗意識のようなものがあったのではないかとも思う。この遭難を通し、私は岩登りや登山の基本の大事さと、人の目に左右されない冷静さを常に持つことを学んだ。

　また、遭難はたくさんの人に多大な迷惑を掛けるということを認識した。職場や大事な用事を抱えていても、救援となればすべて後回しで駆け付けなければならない。それは登山とは関係のない、家族、親類、友人、知人にも及ぶ。見えない人たちが陰で動く。遭難者には想像できないほどの人が動き、多くの人が無理を強いられるという事実を認識しておくべきだ。

私自身も屋久島登山で足を痛めてヘリの救出を受けたことがある。蔵王で開催した「雪山講座」では、受講者の一人が滑落し立ち木にぶつかって足を骨折し、救助のヘリにお世話になった。どちらも多くの人に大変迷惑を掛けたと痛感している。

（6）遭難シミュレーションと対応

シミュレーションは模擬体験、実験という意味だが、ここでは遭難が起きた場合にどうなるのか、どうすべきかについて説明する。前述したように私はレスキュー、いわゆる救助する側の専門家ではない。遭難者の立場になって、自分自身の経験と、講座資料として調べた内容を基にまとめてみた。何事もなく登山が終わればいいが、いったん事故が起きると次々と露呈することがある。あらかじめ想定しておくことで、見えて来ることがあると思う。

①第1段階（緊急連絡）　遭難したら、まず一一〇番（警察）、または一一九番（消防）へ連絡をする。携帯電話やアマチュア無線が使えない場合は連絡員を下山させることになる。連絡員は登山

のメンバーのこともあれば、他の登山者に依頼することもあるだろう。下山して携帯電話の通じるところを探すか、公衆電話、または民家の電話を借りることになる。そのために私は「十円玉」を含む小銭を常に非常パックに入れてある。

以前は遭難となれば「アマチュア無線を所持していなかった」と非難されることが多かったが、今は携帯電話に代わった。無線のいい点もあるので、「無線機の知識と活用法」として別記した。しかし携帯電話同様、どこでも受信できるとは限らない。登山中に受信できるポイントを見つけておくことも大事だ。私は歩行中に電話を受けて話すことはあまりないが、着信バイブの音が鳴ったら、その場所を記憶しておくことにしている。

②第2段階(連絡内容)　伝える要点は①場所②状況③当方の名前——の三点である。電話を掛けると警察、消防の質問に答える形になるが、話す前に要点をまとめておけば、お互いの時間の無駄を省ける。メモしておくのもよい。連絡員を下山させる場合もメモや計画書を持たせる。

道に迷った場合は場所が不明なことが多いので、出発地点や経路などを説明する。実は、このときに「計画書」を提出しているかどうかが問われる(「計画書の作成」の項を参照)。

③第3段階(けが人の応急処置)　現場で応急処置をすることになるが、連絡が取れるなら、専

門家のアドバイスを受けた方がよい。その際、体温や脈拍などが分かればなお好都合だ。非常用パックには体温計が必要だし、脈拍の正しい取り方も知っておきたい(「救命・救急講習受講の勧め」の項を参照)。

事故が起きて救援を依頼した場合、その日に戻ることは無理だと判断すべきだ。暗くなるのは間違いない。ヘッドランプやラジオ、予備電池が必要となる。常に点検を怠らないことだ。ツェルトやレスキューシートも必要だ。特にリーダーはグループ全体に目配りした装備品や薬品類の携帯を考えなければならない。

④第4段階(救援を待つ) 緊急連絡を終えたら救援を待つことになるが、位置の確認やけが人の対応のため、何度か連絡が入る。ヘリが見つけやすい場所に移動して待機することも必要だ。指示されることもあるだろう。

ヘリコプターによる上空からの捜索は簡単ではない。樹林帯の中は特に見つけにくいし、霧や雲があればなおさらだ。発煙灯を持参していれば活用できるが、上から発見できるとは限らないので、むやみに使わずタイミングよく用いるようにしたい。発煙筒は車両用でカーショップやホームセンターで求められるが、点火後は五分程度しか続かないことも知っておきたい。目印に、色の派手なツェルトなどシート状のものを広げておくのもよい。四方を紐で張るなど、上から発見されやすい工夫もしたい。ヘリが近づいたら大きく手を振る。手先に布状のものを持って振れば、なお見つけやすい。以上の状況を考えると、普段の登山で安易にヘリに手を振ったり、遠くに見えた他の登山者にコールしたりするのは厳禁だ。緊急連絡と勘違いされたら大変だ。

下から救援隊が出動した場合、暗くなることが多い。携行品のホイッスルは熊除けとして勧めているが、お互いに発見しにくいときに有効だ。ホイッスルは鉄製品よりもプラスチック製品の方が冷たくない。音は大きく出るものを選びたい。長時間、救援を待つには寒さも伴う。ツェルト、レスキューシート、携帯カイロ、非常食などもあれば助かる。常日頃の非常時対策がまさに生きてくる。不備であれば明暗を分けることにもなる。

⑤第5段階(救援到着)　ヘリの場合は人身優先で、ザックなどの荷は運んでくれないことが多い。ザック(荷物)はその場に置き去りになることもあるので、吊り上げを待つ間に、貴重品など最低限のものを身に付けて準備しておきたい。他の荷物は同行のメンバーに頼んだり、後で取りに行ったりすることもある。下から救援隊が登って来る場合は余裕があれば運んでくれることもあるだろうが、何とも言えない。

⑥第6段階(警察の事情聴取)　遭難事件であるから警察の取り調べがある。事情を聞かれるだ

けの場合もあるし、調書を書くこともあるだろう。それは移動地点や入院先の病院のこともある。警察署に出向くこともあるだろう。事前に経路や時間などを整理しておきたい。下山後に報道取材があることも想定しておくべきだ。

⑦第7段階（報告のまとめ） 出発から遭難の経緯、救出までの報告を作成すべきだ。そこに謝意を表せばいいと思うし、礼状のような形もあると思う。記録として残せば、後日の参考になる。

シミュレーションの最後になるが、捜索や救助の費用にも触れておきたい。警察や消防の費用は請求されないことが多いが、公的負担になることは間違いない。民間のヘリコプターは当然ながら有料となる。一回の出動で五十万円から百万円以上は覚悟すべきだ。救助隊も同様で、民間の出動となれば「一人当たり数万円×人数分」となる。山岳保険については、その辺の事情を知って対応したい。山岳保険は各保険会社のほかに、山岳団体や登山用品店が窓口になっているものもある。情報を集めて自分の登山行動と照らし合わせて選ぶことになる。

本書では海外でのトレックや登山については触れていないが、ツアーとは別の、個人やグループでの海外登山では想定外のことが起きる場合もあるので、しっかり情報収集して対応しておきたい。

シミュレーションすることにより、登山の携行品、自分が所属する「山の会」や仲間への連絡体制、留守家族への対処法などが見えて来る。遭難事例から対応を学び、自分が当事者となったことを想定して準備しておけば、安心して登山が続けられると思う。

蔵王であったヘリによる救助活動

天候判断と全天候型の登山

天候の判断は「登山前」と「登山中」の二つに分かれる。さらに言えば、登山後の変化も見ておきたい。登山前といっても出発当日、前日、前々日と、どの段階で情報を得るかによって判断が違ってくる。いずれにしても登山に際して天候の判断は、非常に重要だ。登山前からしっかり情報を得て、登山中の行動に生かすべきである。

(1) 縦走を取り止め下山する

二〇〇九年七月十八日の夕刻、私たち十人は朝日連峰の竜門小屋（標高一、五七〇メートル）にいた。縦走登山の途中で予定通りの山小屋泊である。二日前に入山して初日は鳥原小屋に泊まり、翌日、大朝日岳（一、八七〇・三メートル）を登って主稜線を北にたどり、竜門山（一、六八八メートル）を越えて、二泊目の竜門小屋に入った。主峰の大朝日岳山頂では周囲の風景が見渡せて、まずまずの天気だったが小屋に向かう途中から天気が崩れ始めた。小屋に入って翌日の天候情報を知るために小型ラジオのイヤホーンを耳にしていたとき、とんでもないニュースが飛び込んで来た。北海道のトムラウシで遭難が起きている。断片的な情報ではあるが、遭難者の救助が続いていることが分かった。

ラジオは他のメンバーも持っていたが、どれも手の掌に収まるほどの小型で音量も小さい。電波の受信状態も途切れ途切れで、小屋の中を移動しながら電波を拾った。分かったことはトムラウシ山中の尾根のあちこちにいる登山者を救出する作業が続いているということだった。今まで聞いたこともない登山の遭難である。それは人数の多さと、なぜ登山者がバラバラの場所にいるのかといった疑問だった。

私はちょうど一年前の同じ時期に六人でトムラウシを登山している。登山講師として事前の計画書を綿密に作成していたので、遭難したルートや地名などが手に取るように分かる。小屋にいるメンバーにラジオで聞いた情報を次々に伝えると皆も驚いた。小屋からは携帯電話が通じないので、ラジオ以外の情報は入らない。小屋の外は風雨になっているので、うかつに出ることもできない。

天候判断から、私たちは予定していた北側への縦走を取り止めてできるだけ早く下山することにした。北海道と東北とでは距離もあり天気の状況は異なるが、関連した前線の影響を受けているので尾根歩きは厳しい。雨量の多さも気になる。それと、トムラウシでの遭難のニュースを聞いたメンバーの留守家族が心配していると思ったからだ。

朝日縦走で、下山を決めて風雨の中を歩く

以東岳に向かう主稜線のルートを変更し、一番近い日暮沢小屋まで下山することにした。翌日の早朝、雨具を身に着けて小屋を出る。強い風雨の中で人数を確認して出発した。日暮沢小屋に下山するには昨日のルートを戻って、竜門山の山頂に登り直し、頂の分岐から下りることになる。下りて間もなく携帯電話が通じた。

実は下山予定の泡滝ダム登山口には一台の車を転送してあり、下山時にもう一台が迎えに来る予定になっていた。そのスタッフとの連絡が必要だった。いつも留守本部の役目もお願いしている方である。メンバーの家族からの連絡にも対応してくれるはずだ。

この山頂直下での携帯電話の連絡は一度きりで、以後は全く通じなくなった。尾根を下りるに従って、周囲の地形から電波が入らなくなったのであ

日暮沢小屋に到着

る。しかし、要点をすべて伝えてあったので安心して日暮沢小屋まで下りた。小屋には天気の様子を見て留まっている登山者が多くいて、賑わっていた。

翌日、仙台から迎えの車が来たので私は皆を小屋に待たせておき、その車で下山予定の泡滝ダム登山口に置いてある一台の車を取りに行った。ダムのそばにある登山口付近は荒れ狂うような強い風雨であったが、これから登ろうとする登山者を数人見掛けたのには驚いた。二台の車で戻る林道は沢の水が勢いよく流れ出ていて、ところどころに冠水もあり、集落に出たときは「脱出できた」という感じさえあった。日暮沢小屋に戻って全員を乗せ、無事仙台に帰ることができた。

帰路の車中のラジオニュースで、泡滝ダム登山口の上部で増水のため登山者が取り残されていると報じていた。われわれの変更判断は正しかった。あのとき、ダムから上部に登って行った登山者の判断はどういうものだったのだろうかと思った。

山の中での情報収集には限界がある。入山前の気象情報を基に行動中の天候の変化を予測することが大事だ。トムラウシ遭難のニュースは日本中の関心を集めて、その後も長期間、報道が続いた。この遭難の原因はいろいろ指摘されるが、天候判断と行動面の対応の間違いだったと思う。「遭難事例から学ぶ」で詳しく取り上げているので、そちらも参照願いたい。

（2）天気図を学ぶ

気象に関する情報は気象庁から得ることができる。テレビ、ラジオ、新聞の情報源も同じだ。それを基に各地の予報が告げられる。

今や気象衛星の観測によって世界中、それこそ砂漠の果てまで気象の予測ができる時代になった。私は二〇〇〇年にチベットからチョモランマ（エベレスト、八、八四八メートル）を登ったが、登山隊長にとっての最重要課題として取り組んだのが気象情報だ。日本気象協会を通じ、気象庁の情報を提供していただいた。その通信手段として重要だったのが衛星通信システムだった。多くの課題を抱えながら、何とか現地で情報を受け取れたことが、登頂に結び付いたといえる。

昔は山の会や山岳部などで、新入会員は天気図を描く知識を先輩から教わった。先輩が描く姿を見て自分も作成できるようになるのである。日本気象協会から講師を招いた講習会も開催さ

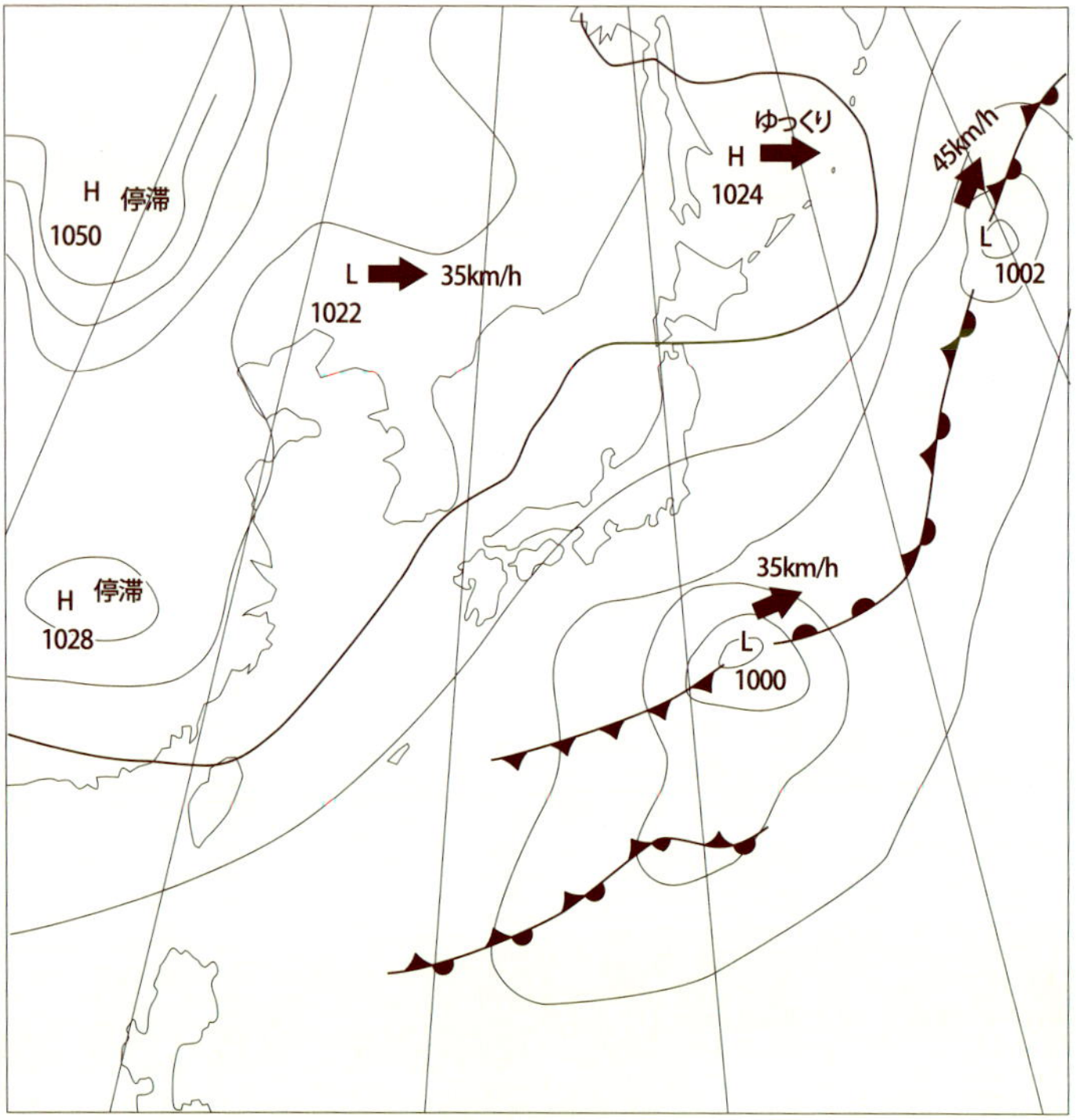

天気図用紙記入例

れ、私も受講したことがあった。だから天気図を描けることは登山者の常識であった。天気図用紙は、山の地図を販売する書店などで取り扱っている。

天気図は気象庁が発表する気象通報を基とする。気象通報は一日三回、ＮＨＫラジオの第二放送で放送される。一回目は九時十分から午前六時時点の情報、二回目は十六時から正午の時点での情報、三回目は二十二時から十八時時点での情報が発表される。約二十分間だが、時には延びることがある。天気が悪いときには情報量が増えるからだ。

ラジオの気象情報は「気象庁発表の午前六時の気象情報をお知らせします。石垣島では……」の言葉で始まる。私の知る限り放送時間と内容は四十年以上変わらない。変わったのは気圧単位の呼び名で、一九九二年十二月から「ミリバール」が「ヘクトパスカル（ｈｐａ）」になったこと、以前は男性アナウンサーだけだったのが十五年ぐらい前から女性アナウンサーも放送するようになったことぐらいだ。冬山では早めに山小屋やテントに入り、寝そべって十六時の天気図をよく描いたものだ。

低気圧、高気圧、前線、台風はよく聞く気象用語だが、その位置と移動する動きが天気予想だ。私は気象図を描くことを講座で教えており、描ける知識を持つことを強く勧めている。だからと言って毎回の登山で天気図を描く必要はない。自分で描けるようになればテレビや新聞の天気図をより理解できる。

天気図の用紙に表記されている日本列島と周辺の国を含む地図がある。国内外とも聞き慣れた地名ではあるが、位置が曖昧だった国や都市のことを知るのも楽しい。地理的な感覚も身に付くなど得られることは多く、世界観が変わるかもしれない。機会があればぜひ天気図作成を学んでほしい。

（3）山の天気を読み取る

旅行会社のツアー登山は日程と登る山を決めて参加者を募る。天候は季節を考慮する程度である。プロのガイドがリーダーであるといっても、利益を追求する会社の企画である。よほどのことがない限り登山は実施される。簡単には中止できないので、気象判断に無理が生じることもあると思う。参加する側は、その点を知っておくべきだ。

私の登山講座では実施の三～四日前に参加者に登る山を知らせることが多い。特に冬と春はめまぐるしく天気が変わるので、早めに決めてしまうと天候判断やアプローチの道路事情などで無理が生じる。一応、計画書には「当日、変更する場合がある」と明記はしている。参加者も事前に地図や情報を調べてくるので、できるだけ変更はしたくはない。

春から秋の時期に実施している「フラワー・トレッキング」も、同様に数日前に山を決めて参加者に知らせている。このような方法での登山を十年以上続けている。

天気は週間予報も出されるが、五～七日前では正確な判断は難しいことが多い。三～四日前になると判断がよりしやすくなる。それでも、当日朝の状況を分析して変更することもある。参加者には知識として、そのような判断過程を伝えることも大事である。

天候は流れがあり、移動速度が影響するので、前の情報が重要になる。情報はインターネットから得ると便利だが、次々に新しい情報に変わってしまう。以前の情報は見ようと思っても画面から消えてしまうので要注意だ。

ただし普段、私たちが得られる情報は山の天気予報ではない。仙台市内では東部と西部に分けて予報が出されるが、東部は「平野部」で、西部は山側ではあるが「中山間地域」と呼ばれるエリアだ。山の天気ではない。通常の天気予報から山の天気を自分なりに読み取ることが必要となる。よく登る山域の天気を長年注意して見ていると、さらに判断力が高まる。遠方の山に出掛けるとなれば、その地元の気象情報や判断が大事である。

「登山中止」となる気象原因は台風、大雨、大雪などだ。私は登山講座で山に出掛けることが多く十年間で七百回ほどになるが、天候判断で前日に中止したのは三回ある。予想を超える大雪によるものだった。天候判断以外では、車で登山口に向かう途中、岩手・宮城内陸地震に遭い、引き返している。

天気は流れがあり「良い」「悪い」を繰り返している。むやみに歩かず、じっと待つことも登山の知識だ。「雷雲をやり過ごす」ということもある。「台風一過」という言葉がある。台風が通り過ぎた直後の晴天のことである。快晴になる確率が高いので、判断の一つの材料になる。

気象庁から発表される警報、注意報は一つの目安だが、山域気象だけではなく、集合場所や登山口までの交通機関、車道の状況も考慮する必要がある。

登山口を歩み出してから起きる強風、降雨、増水などについては、「アクシデントと対策」の中で詳しく述べているので、ここでは省略するが、天候の崩れによって起きる現象と遭難事例などを学んでおくことが大事だ。そして、登山携行品、登山用品の種類や特性を知って緊急時に備えたい。事前に気象判断をしたうえで、天気について全般的な知識を持ち、荒天時でも万全な装備と的確な行動が取れれば「全天候型」の登山者と言える。

救命・救急講習受講の勧め

吾妻連峰の登山を終えて、山形県米沢市の国道を車で走行中、前方に煙が上がっているのが見えた。秋であったので田圃の野焼きの煙かと思ったが、カーブを曲がると目前の道路脇に一台のワゴン車が横転していた。近くにはマイクロバスが前方を大きく破損した状態で止まっていたので、二台が正面衝突したことが分かった。

私は車を脇に寄せて止め、横転している車体の上に登った。集まって来た人に誰とはなく「救急車を呼んで！」と伝えた。上から運転席のドアを開けると、運転手の男性が車内で頭から落ちるようにして倒れていた。シートベルトはしていなかった。

運転手の耳もとに近づき「大丈夫？」と声を掛けたら、わずかに頷いた。耳から少量ながら出血が見られたので動かせないと思い、救急車を待つことにした。車体のサイド部が床面になった後部には母親と小さな女の子が茫然として座り込んでいた。女の子を抱きかかえて車の外に出し、近くにいた女性に預けた。また車に戻って、母親を出そうとしたが座ったままで動けないようだった。周囲の人たちが後方のドアを開けて出そうとしているが設備工具類がたくさん積んであって難儀している。そこに消防車が来たので任せることになった。母親の衣類が血で赤く染まっていたのでけがの程度が心配された。その際、私が撮影した事故現場のフィルムを地元新聞社に提供したので、翌日の朝刊一面トップに大きく掲載された。記者の話では運転手の一命は取り止められたとのことだった。

私は、その前月に消防署で救命講習を受講したばかりだったので、事故現場ですぐに行動できたのかもしれない。運転手の様子から動かすべきではないという判断もできた。

私はかつて山の会などで消防署に講師を依頼し救命講習を開催するなど、登山者として必要な知識を学んだことがあった。そのときと現在の講習では、基本的な内容には大きな変化がないように思えたが、負傷者、急病者に接する際の衛生面での対応や二次災害を防ぐ改訂もあり、災害に備える内容も追加されていた。いざとなると一つ一つの手順がうまくやれるかどうか自信はない。数年おきぐらいに受講してきちんと身に付ける必要があると思う。

応急手当てには止血法や心肺蘇生法も含まれるが、医師や救急隊に引き渡すまでの間に症状を悪化させないための一時的な措置である。特に呼吸停止などは救急隊員の到着を待っていては手遅れになる。心臓マッサージや人工呼吸、ＡＥＤ（自動体外式除細動器）を使用すれば助かる可能性がある。登山や災害などに限らず、普通の生活でも事故に遭遇する可能性は多分にあるので、知識として知っておけば役立つこともあるかもしれない。もし遭遇したら、後悔しない行動を取りたいと思っている。

このような講習は消防署と日本赤十字社で実施されている。消防署では「救命講習」、日本赤十字社では「救急法」と呼ぶ違いはあるが、基本的内容は同じだ。

救命講習は全国の消防署が実施し、修了者には証明書が発行される。受講料は無料。日本赤十字社では「赤十字救急法基礎講習」などを実施。有料だが、資料代として千円から数千円掛かる程度で負担は少ない。二〇〇五年から設置が広まっているAEDの講習は、どちらにも含まれている。それぞれ開催日を決めて案内しているが、一定の人数であれば講師を派遣してくれることもある。講習内容の概要を次に紹介するが、あくまで参考。受講する場合は所轄に問い合わせをしてほしい。

【消防署が開催している救命講習】

①普通救命講習　講習時間三時間。成人に対する心肺蘇生法(対象者によって小児、乳児に対する蘇生法を加える)、大出血時の止血法、その他。

②上級救命講習　講習時間八時間。成人、小児、乳児に対する心肺蘇生法、大出血時の止血法、傷病者管理法、外傷の手当て、搬送法、その他。

③応急手当て普及員講習　講習時間二十四時間。基礎的な応急手当ての知識と技能、基礎医

学、資器材の取り扱い、指導技法、応急手当ての指導者としての指導要領、その他。

【日本赤十字社が開催している救急法の講習】

①救急法基礎講習　一次救命処置、心肺蘇生法、AEDを用いた除細動、気道異物除去など。意識障害・呼吸停止・心停止・気道閉塞など、直ちに手当てが必要な傷病に陥っている人に対して、救急隊が到着するまでの間、正しい観察と判断のもとで迅速に救命の手当てを行うために必要な知識と技術を学ぶ。

②救急法救急員養成講習　急病、けが、傷の手当て、骨折の手当て、搬送、救護など日常生活における事故防止の知識や、思わぬ事故や災害に遭った人、急病になった人に対して、医師や救急隊員に引き継ぐまでの手当てなどの知識と技術を学ぶ。また目的に合わせ、水の事故から人命を守る水上安全法、高齢者の支援・自立に向け役立つ介護技術を学ぶ健康生活支援講習、幼児安全法、雪上安全法などの講習がある。

セルフレスキュー

セルフレスキューとは「自分たちで救出し解決すること」であるが簡単なことではない。安易なレスキューは絶対にすべきではない。

誰でも思い付くのは背負って運ぶことだが、子どもを背負うのとは訳が違う。大人一人を背負うとなれば体重六十キロ前後以上になる。自分の体を痛める可能性が高い。それは実際やってみれば分かる。

私は、冬山登山で三十～四十キロの荷物を背負う経験はしているが、それも若いときのことだ。背負って運ぶには訓練の経験があるメンバーがいることや用具類の有無、登山道の状況（距離、傾斜、幅など）が左右する。

私が代表を務める東北アウトドア情報センターでは登山中にけが人が出たことを想定して、「応急手当て」と「搬送」について訓練をしている。あくまで普段の登山と同じ条件下で、運ぶ作業を手探りでやってみて、方法、可能性、何が必要かを考えてみた。

(1) 応急処置

搬送する前に、まずけがの応急処置だ。私は三角巾、テーピング、湿布などは常に持参している。捻挫、骨折は患部を副木と呼ばれる「添え木」で固定することも必要だ。添え木には、ストックや倒木、笹竹、立ち木を利用できる。風呂敷があれば包んだり、縛ったりする際に役立つこともある。応急手当てについて特に説明はしないが、止血、テーピング、副木固定などの基本知識は学んでおくといいだろう。

(2) 搬送

搬送は、けがで歩行が難しい登山者を運ぶことだが、方法としては①背負って運ぶ②担架をつくる――などがある。雪面であれば滑らす方法もある。背負う場合はロープを使う方法や背負子《しょいこ》を使うこともあるが、普段の登山ではどちらも持っていないだろう。私は常に短い細ロープを持参することを勧めている。ロープのさまざまな活用については、次の「Dセフ」の項で説明する。

担架は二本の棒とシートになるものがあればつくることはできる。棒になるものは立ち木、ストックなどが考えられるが、木は、切断するナタやノコギリがないと難しい。ストックは常に持参しているので活用できるが、曲がったりするのは覚悟すべきだ。シートに使用できるものとして衣類やツェルトがある。細ロープがあれば、編んでネット状につくることができる。ただし、

捻挫の応急処置。風呂敷が役立つ

搬送訓練。シートの担架で運ぶ

搬送訓練。3人で運ぶ

担架で搬送するには登山道の幅や傾斜などの条件に左右される。

　一人が背負って後方やサイドを二人がサポートし、三人で運ぶ方法もある。荷重は分散するが楽なことではない。けが人が多少でも歩けるときはサポートしながら下ることも可能だ。ストックで松葉杖をつくることもできるが、脇に挟んで神経を圧迫するなどの危険がある。松葉杖の使い方を知らなければ安易に行うべきではない。

　写真は訓練の様子だ。いずれも、運ぶときには頻繁に休息、交代を繰り返して歩くことになる。数倍以上の時間と労力が必要で、運ぶ人には大きな負担が掛かる。

山の会やグループの活動では日頃から訓練をして、やれること、やれないことを知っておくことが大事だ。岩登り、沢登り、ヒマラヤ登山をする人は必ず訓練をしている。普段の登山で持参しないようなザイルやカラビナなどの道具の活用は避けたい。

多くの登山技術書にセルフレスキューに関する記述があるが、それらを一般登山の事故で生かすことは難しい。下山口までの距離が近い場合や、救助を要請したヘリコプターの救助地点へ移動する場合など、条件は制約されるが、搬送の体験はやっておきたい。

小休止

昔から「柴ゾリ」という方法がある。これはマタギが熊を運ぶ技術だ。枝の長い生木を切って束ね、扇状に広げてロープで固定して形をつくり、それにけが人を乗せる。これをするには、木を切る道具とロープが必要だ。枝葉の部分がクッションになるので、枝の太い部分を持って引きずりながら運ぶ。訓練してみたが、運ばれる側、運ぶ側とも意外に楽に運べることは分かった。ただ、よほどの緊急性があって、生木を集められるなどの条件がそろわないとできない。

携帯機器と情報の活用

通信機器に限らず電子機器の開発のテンポは目覚ましいが、機能のすべてを把握するのは簡単ではない。次々と発売される製品が登山の安全に役に立てば大歓迎だが、登山の基本知識を学ぼうとせずに機器を過信したり依存したりするだけでは、逆にアクシデントを招くこともあるので注意すべきだ。

登山行動中で必要なものは連絡通信手段として携帯電話、メール、無線がある。情報としては時刻、方位、地図、標高と現在位置、天気予報として天候、台風や前線、雷の情報も知りたい。ニュースなどの放送も聞きたい。記録として画像、映像、登山ルートのデータも残したい。運動管理として歩数、距離、消費カロリー、脈拍数の計測数値の表示と記録も知りたい。

登山もインターネットからの情報が欠かせない時代になった。昔はガイドブックや登山専門誌からの、数年も前の情報に頼ることが多かったが、今はつい先日の登山の詳しい報告が見られる。地震災害が続いた東北では、車道の崩壊や登山道の入山禁止などの回復状況をネットから得ることができて助かった。特に気象情報は精度が年々高まって、山の気象や雷情報の地域的な提供もある。

機器類は携帯電話(スマートフォン)、無線機(トランシーバー)、ラジオ、GPS、デジカメなどがある。一般的ではないが、高山病対策のパルスオキシメーター(動脈血酸素飽和度の測定)や、雪崩で埋まったときの電波探知機、ビーコンなどもある。一つの機器に多機能が組み込まれているので、どれを持つべきか選択することになる。携帯電話はインターネットを活用すれば、無線機能以外の必要内容は一応得ることはできる。「一応」としたのは、それらの機能を活用するには電波の届く範囲と電源、野外での画面の見づらさなどの問題があるからだ。

腕時計型や小型のGPSナビゲーションが普及している。GPSは地球を回る衛星の通信を活用したシステムで、登山では「ヤマナビ」などの名称で広まりつつある。行動中に位置の確認をしたり、歩行軌跡(トラックログ)を下山後に記録として残したりできる。GPS活用は地図を見る機会が増えるので、地図の知識を学ぶことにはなる。ただ、GPSで表示されるルートと実際のルートに誤差が出ることを知っておいてほしい。単に自分の位置だけを確認したり、車ナビと同じ感覚で示す方向だけを頼りにしたりすると、前後の行動や周囲の地図を把握しないまま、逆に「道迷い」の原因となるので注意したい。

標高を知る高度計は気圧式とGPSがある。気圧は変化するので使用するには起点で正確に標高を合わせ、上部でも補正をする必要がある。GPSは気圧計よりは正確であるが誤差も生じる。地図上の標高と照合することになるが、誤差を考慮して、どちらもあくまで目安と考えた方がいいだろう。

登山中に頻繁に見るのは時刻だが、私は腕時計をしない。岩登りで時計が傷んだり、沢登りで濡れたり、藪漕ぎで紛失したりすることもあるからだ。懐中時計を持ち歩いた時期もあったが、今はもっぱら携帯電話で見る。以前は記録として登山口から各所で通過時刻と状況などをメモしたものだが、今はデジカメで撮影すれば時刻も残るので、頼っている。デジカメは記録としても大事な道具なので、万が一のために予備のカメラも持参している。

携帯機器は電源が重要だ。遭難者が携帯電話で第一報の連絡をして来た後に連絡が途絶えたという話を聞く。電波の関係もあるが、電池(バッテリー)切れが原因だ。緊急時を考えた場合は予備電池の携帯や充電対策が必要だ。乾電池やソーラーを利用した充電機器もある。緊急連絡を考えた場合、リーダーは参加者の携帯電話所持の状況を把握しておくなど万全を期したい。

無線機は昔から使われているが、使用するにはアマチュア無線技士の資格取得と無線局の開局「コールサイン」の手続きが必要である。無線機の価格は安くはない。だから、登山者が増加しても利用者は増えなかった。無線は電話にはない特性があって、災害時などには大いに活用できる。また、ヒマラヤ登山などでは欠かせない通信機器でもある。

資格が不要な特定小電力無線のトランシーバーは、狭い範囲なら活用できる。道路工事現場での交通整理や、スキー場内での仲間の間の通話に使われている。電波の出力が弱く、届く範囲も一～二キロと狭いので遠方への緊急連絡には難しいが、登山グループ内の連絡には活用できる。先頭、中間、後方に配置すればグループ全体の安全確認ができる。登山のリーダーは遅れ気味のメンバーも心配だが、ルート先の安全を確かめたいこともある。そんなとき、各メンバーに無線機を持たせて連絡を取りながら行動すればよい。ただ、無線機は電話とは違う独特の使い方や話法がある。私は、学んでもらう意味もあって、登山講座の参加者に教えながら使用させている。

　私が登山隊長を務めた二〇〇〇年の東北チョモランマ登山隊では、多数の機器の使用により、気象情報や通信、健康管理などに大いに役立った。多額の費用も掛かったが、そのことで無事登頂できたと思っている。これもＩＴの進歩による恩恵だ。携帯機器が万能になれば理想的で、進化を続ける機器に期待したい。その前に地図の読み取りや天気図作成の知識があれば、より正確な判断が可能となる。これからは「予想外」「想定外」といった言い訳が通用しない時代になるかもしれない。登山の基本知識を学び、安全登山のために何が必要なのかを考えて機器を選びたいものである。

日常トレーニングとDセフ／独自に開発した危険回避法

これまで登山の安全について、登山の基本知識からアクシデントの原因と対策、さらに応用と順を追って筆を進めてきた。その前提として大事なことは、登山者自身の安定した歩行と登山中の危険な個所での対応だ。歩行強化と危険を回避する技術を、日常的にトレーニングしておけば心強い。登山の前後と同じようにトレーニングの前後にもストレッチを欠かさないようにしたい。ここでは、そのやり方について詳しく説明する。

(1) ストレッチ

どんなスポーツでもストレッチは大事である。登山の前後に行えばけがの防止と歩行後の筋肉疲労の回復に効果がある。登山口で立ってできる基本ストレッチを紹介する。

①大きく上半身を伸ばす。
②後ろ手に組み、外側に伸ばして胸を張る。

登山のストレッチ法

①背伸びするように、大きく上半身を伸ばす

②後ろ手に組み、外側に伸ばして胸を張る

③片方の腕を水平に伸ばして抑え込み肩を伸ばす。左右

④体を丸くしてしゃがみ、膝を抱えて腰を伸ばす

⑤椅子に掛けるように腰を突き出し静止する。大腿四頭筋を伸ばす効果がある

⑥片足を後ろに上げて、足先をつかみ、太ももを伸ばす。バランストレーニングにもなる。左右

⑦足を横に伸ばす。無理をしないこと。左右

⑧かかとを付けて、足を前後に開きアキレス腱を伸ばす。無理をしないこと。左右

⑨頭を抑えて横に倒し、首筋と肩を伸ばす、左右

⑩これは通常は行わなくてもよいが「足つり」の対処法として座って休息をした後に行う方法。正座するのも効果がある

③左右の腕と肩を伸ばす。
④体を丸くしてしゃがみ、膝を抱えて腰を伸ばす。
⑤大腿四頭筋（太もも付近）を伸ばす。
⑥片足を上げて、後ろから足先をつかみ、太ももを伸ばす。片足で立つのでバランスが取れないこともあるが、繰り返すうちに徐々に立てるようになりバランス力の強化になる。
⑦足を横に伸ばす。
⑧アキレス腱を伸ばす（かかとを上げないこと）。
⑨首筋と肩を伸ばす（登山は荷を背負う負荷がある。休息時などに、頭の反対側の横上を手で押さえてゆっくり倒すとよい。左右行う。これには肩こりをほぐす効果もある）。
⑩足指を反らす（足つりのときに効果的、正座するのもよい）。

ストレッチは体をゆっくり伸ばして十五秒ぐらい静止する。起床時と就寝前など日常的に実践すればなお効果的で健康維持にもなる。痛い個所や伸びない個所があれば無理をしないこと。心配な部分があれば専門医に相談したい。その際は登山をしていることを伝えてほしい。

（2）マイ・ゲレンデで歩行強化と訓練を

長い歩行やジョギングは基礎体力の増加、維持にはなるが、登山のトレーニングとなれば工夫が必要だ。平地での運動は登山のトレーニングにはならないという説もある。

そこで私は山道と同じような条件のある場所を選び、自分が通える「ゲレンデ」を持つことを勧めている。草付きの斜面、いわゆる土手の側面などである。三〇度程度の傾斜があれば広い場所は必要ない。距離が短ければ、何度も往復すればよい。

足首を強化するため、登山靴で「登っては下る」を繰り返す。草付きの斜面に靴のサイド（エッジ）を利かせて登る。エッジとはスキー技術で使われる言葉だが、登山でも急斜面では、靴の両サイドのエッジを使う。足首の力が不足すると靴底面がフラットになってしまい横滑りを起こしやすい。

歩き方は、前にも説明しているが、乱れないようにしっかり足を運ぶ。曲がるときはクロスさせずに一歩踏み込む。足を「ハの字」に置いてから方向を変える。いわゆる「キックターン」する。下りるときも同様だ。この足の運びは、アイゼンを付けたときや疲労困憊したとき、強風時などにも安定して歩行するための基本歩行である。無意識にできるようになるまで体に覚え込ませる。

転倒の多くは、足を曖昧に置くことでバランスが崩れるのが原因だ。方向を変えるときに足が

足はしっかりと「ハの字」に置いてキックターンする

足をクロスさせる悪い足の置き方、曲がり方

靴のサイドのエッジをしっかりと置く

クロスしたり、歩幅が広くなったりしないように注意し、前後が乱れないように歩けば、隙を見せない歩行といえる。下るときは少し膝を曲げれば、膝に掛かる負担が軽減し、安定度を高める。ゆっくりした登り下りの動作だが、寒いときでも三十分ほど繰り返せば、汗ばむほどの運動となる。この歩行を続ければ、大腿部、ふくらはぎ、足首と足全体のトレーニングになる。これは平地ではできないし、トレーニング施設でもできない運動だ。

（3）岩場の歩き方と3点支持の登り方

河川敷や遊歩道には石積みや石を敷いたところもある。飛び石伝いに歩くことで、バランストレーニングになる。登山の歩行では跳んではいけない。着地点で一気に転倒する可能性がある。特に岩場では大きなけがの危険がある。河川堤防などにはコンクリートの急傾斜もある。靴をフラットにした状態で摩擦を活用したフリクションの歩行もできる。フリクションとは靴底の全部、または前面部を密着させて移動する方法である。

石垣や石積みがあれば、手を使っての三点支持の登り下りの練習ができる。急な岩場などでは立って歩行できないので、手掛かり（ホールド）と足を置く場所（スタンス、またはフットホールド）で体を支えて登ることになる。両手、両足を着いている状態は四点であるが、体を移動させるには手足を動かすことになる。その際に、常に一点のみを

訓練前には念入りにストレッチ

緩い斜面で、手足を使って登り下りの訓練

安全なところで登り下りの訓練

フリクションに慣れる訓練

少し高度な訓練ではザイルを使用し、ヘルメットを着用する

動かし、三点で支える。これが三点支持の移動法で、岩登りの基本技術である。例えば二点を同時に動かして、一点の岩がはがれたり崩れたりした場合、体は支えを失って落ちてしまう。三点であれば一点が崩れても三点で支えられる。

手の置き方、つかみ方、足の置き方など、練習を重ねることで、スムーズな移動とバランスを保つことができるようになる。体の動きで注意すべきことは、体が伸び切らないこと。少し体を岩から離して足元がよく見える姿勢で動くこと。足はクロスしないようにする。ホールド、スタンスの置き方を曖昧にせず、少し加重して支えられることを確かめる——などが挙げられる。このトレーニングはしっかりとストレッチをしてから行ってほしい。初めは腕の筋肉に疲労と痛みが出るかもしれない。痛みが出ないよう、無理なく続けることが大事だ。

（4）Dセフ／八嶋流危険回避法

事故が起きた後に行うセルフレスキューについては前に説明したが、事故が起きないよう登山者自身がすべきことは、転ばないようにすることと危険個所を安全に通過することだ。このことを、私は「Dセフ」と名付け、講座を開催するなどして広めてきた。Dセフとは、デンジャラス(Dangerous＝危険)なところをセイフティー(Safety＝安全)に通過するための技術と知識で、日常トレーニングと同様に街中で訓練することができる方法だ。無論、山やスキー場などの適した場所で訓練したり、登山中に時間があり、模擬訓練を重ねたりすれば、より身に付けることができる。

一つ一つは以前からある技術だが、新たな呼び名にしたのには訳がある。昔から山の会などでは、基本技術として岩登りの基礎訓練を行うのが常識だった。今は「岩登り」という言葉を言うだけで、「とんでもない!」と拒否反応が出る。確かに岩登りは危険を承知で立ち向かう登山行為で一般登山とは違う。技術は熟練を要し、用具類の知識も必要で、ザイルやカラビナなどの道具を常に持ち歩くことには無理がある。一般の登山者が習得することは簡単ではないし、中途半端な知識は逆にアクシデントを生むことにもなる。経験ある指導者は、どうしても難しい技術や道具のことを伝えてしまう。以前の私もそうであった。もっと分かりやすく身に付けやすい知識や技術が必要と考えた結果、生まれたのが「Dセフ」である。

Dセフは前に説明した①歩行の仕方と強化②三点支持の登り方――に加えて、「簡単なロープワーク」という三つのテーマに取り組んでこそ意義がある。

(5) 危険な場所を認識する

登山道では岩場やガレ場、片側の路肩が切れ落ちているところが少なくない。両側が狭い痩せ尾根や急峻な坂道もある。粘土質の土、笹や木の根があるところは滑りやすい。刈り払いなど整備されているところは切り株も多い。秋は落ち葉に覆われて地面が見えずに滑りやすく、岩交じりで転びやすいところも多い。頭部に張り出した幹や枝にも注意が必要だ。

雨の日は危険が増す。滑りやすいだけでなく、沢や川の増水もある。特にゲリラ豪雨や春の雪解け時期は必ず増水する。残雪の急斜面や薄くなった雪渓の通過も危険だ。

登山者側の状況もある。歩行バランスや高度感に対しては個人差がある。疲労などで足元がふ

危険個所の通過

古いロープのある急斜面を安全のために持参したロープを付けて下らせる

鎖場のある崖を下りる

岩場の急な下りを、三点支持で下る

らつく状態もある。登山靴の底の減り具合で滑りやすいこともある。まずは危険な場所を認識することが大事で、次に登山者一人ひとりが対応すべきことを知ることである。そしてリーダーや仲間同士は言葉で注意を促すだけではなく、具体的にやれることを現場で実施することだ。そのための知識や技術を学ぶことが必要だ。

（6）簡単なロープワーク

登山道に張られたロープや鎖をよく見掛ける。あまり危険とは思われないところに設置されていることもあるが、それは家族連れや子どもたちが多く利用する登山道などで、現地の行政や山の会などで設置していることがある。しかし逆に、落ちたら怖いと思われるところに何もなかったり、張られてあっても古かったり、長さが不十分で不安を感じるところもあったりする。そのような場所では持参したロープを活用する。

一つには、ロープを張って手掛かりにし、安全に通過させることができるからだ。岩場などの急峻な下りでは、ロープを体に結んで一人ずつ下ろすこともある。また、歩行が心配な人をロープで結び合って、同時に移動しながら下山させることもある。張り気味にしておけば、滑って尻もちをついてしまうことがあっても、大きく前方に転落することは防げる。これは支える側にしっかりとした技術が必要なので、安易には行わないでほしい。

私は福祉登山を長く続けており、障がい者を引率することが多い。その際、足元が危ない人をロープで結び合って移動している。また、以前、北アルプスの白馬岳に登ったとき、疲労で足元がふらつく登山者を、後方からロープで支えながら下山したこともある。

沢の増水時は、ロープを長く張ってからメンバーを渡せば流されるのを防げる。しかし、以前、ロープを張った登山グループの一人が流されて死亡した例があった。張るだけでは不十分で、流されてもロープで止まるようにセットする必要がある。簡単なロープワークでもしっかりと身に付けなければ安易に使うべきではない。

（7）ロープの規格と注意

登山用ロープにはＪＩＳ規格がある。太さ六ミリの強度は静荷重で八百キロ程度まで耐えられる。静荷重とはゆっくり加重した場合のことである。静荷重に対して動荷重とは落下させて加重することである。Ｄセフでは六ミリのロープに最大一人（約八十キロ以内）を静荷重で使用することを条件としている。

ロープを購入する場合は登山専門店で、必ず強度や規格を確認して求めてほしい。同じ六ミリでも強度の違う製品もある。さらに太いロープなら強度は増すが、常時携帯するには重くなる。Ｄセフでは誰もが同じものを持ち歩けることを考慮して太さ六ミリ、長さ十メートルとしている。ちなみに岩登りでは、通常九ミリ、四十メートルほどのザイル（ロープ）をダブル（二本）で使用する。それをいつも携行することは難しい。

ロープは熱に弱い。ライターの火で簡単に融ける。岩角などの摩擦でも融けて切れるので、十分な注意が必要だ。ロープが手のひらを走るとやけどするので、使用するときは必ず手袋を使いたい。

ロープは自然にキンクする。キンクとは編んでつくられたロープの撚《よ》りの戻りがある現象で、まっすぐにならずに小さな輪ができる。そのまま無理に加重すると、ロープに傷みが出るので注意すべきだ。キンクを解くにはロープを高台から下に流して、撚りを戻すような作業が必要だ。十メートル程度の長さのロープでは、キンクの影響は比較的少ない。ロープは傷が付いたり毛羽立ったりしたら取り替えなければならないが、紫外線で自然と劣化することもあるので、数年に一度は新しくすべきだ。少しの毛羽立ちは、ライターで表面をあぶって固めるとよい。

(8) Dセフ活用法

Dセフは一本の短いロープのみを常時携帯することで対応する。ロープは太さ六ミリ、長さ十メートル、重さは二百五十グラム程度。束ねるとペットボトル一本弱の容量である。常に持ち歩くには、その程度が限度と思っている。このロープを各自が持てば自分用の安全ベルト代わりになるし、必要に応じて繋ぎ合わせれば、長いロープを張ることもできる。①自分の体に結ぶ（セルフ・ビレイ）②メンバー同士が結ぶ（アンザイレン）③立ち木や岩などに固定する（フィックス）――の三点を覚えれば、さまざまな難所で活用できる。岩登りでは、ロープの他にシェリンゲ（細ロープの輪）やカラビナなど多くの用具を使うが、Ｄセフではロープ一本のみと決めている。理由は、あまり負担なく準備できて、各自で統一したものが持参できることだ。メンバー同士が道具の使い方を練習しておくことも条件だ。一般の登山ではロープのみで十分である。ただし、Ｄセフは危険個所の全てに対応できるわけではないことをお断りしておく。

（９）Ｄセフに必要なロープワークと６つのキーワード

Ｄセフの基本となるロープワークでは最低限、二百ページの表にある項目を覚える必要がある。これを理解し、知識と技術を身に付けることで、Ｄセフをマスターできる。ここで使う用語は、岩登りやフリークライムと同じものが多いが、あくまでＤセフの知識ととらえてほしい。人工壁で行うフリークライムは実際の岩登りとは違う部分が多いので、その知識、技術を実際の岩場で活用すると危険なこともある。注意しておきたい。

Ｄセフは実技なので体験をしないと習得は難しい。この本もあくまで参考と考え、経験者から学んでいただきたい。

Dセフ訓練風景と技術の説明

（結び方は名称が同じでも数種類あるので注意）

登山用品全般を広げ使うもの、使わないものについて説明

ロープ（太さ6ミリ、10メートル）の扱い方

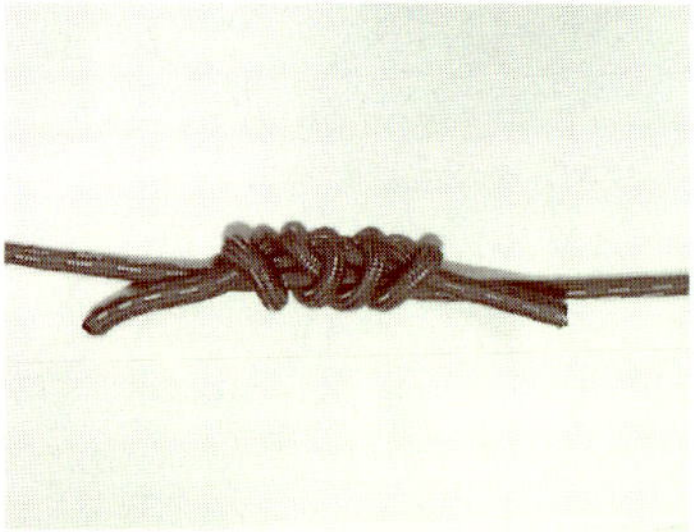

ロープを繋ぐ。ダブル・フィッシャーマン・ノット（テングス結びの2重結び）

手すりや支柱を利用して「マスト結び」の練習。マスト結びは、ロープを締め付ける方法なので、体には絶対使わない

セルフ・ビレイ。自分の体に結び、締め付けられない結び方。プーリン（もやい結び）は覚えることは簡単ではない。経験者に教わるか、またはエイトノット（8字結び）で代用する。もう片方に人が結べば「アンザイレン」したことになる

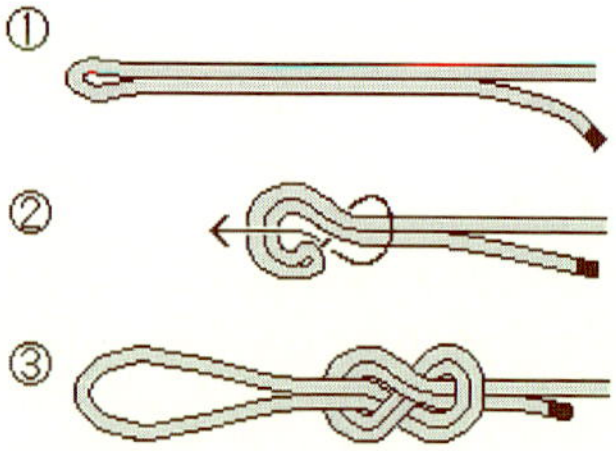

エイトノット（8字結び）の簡単な結び方。一度、輪を大きめにつくって体を両足から通して胴まで上げ、胴回りのサイズに合わせて狭くする。緩いと下がって来るので注意。あくまで静荷重で約80キロ以下で使用すること。岩登りやフリークライムでは使用目的が違うので注意する

立ち木を利用したマスト結び。できるだけしっかりした木を選ぶこと。木が細い場合は根元に行う

立ち木を利用したグリップビレイ（確保法）。習得すると片手でも止めることができる

座って体の胴のロープを回して登降するアンザイレンしたメンバーを確保する「腰がらみ」法。安定した場所を選んで座り、ロープを引き上げたり伸ばしたりする

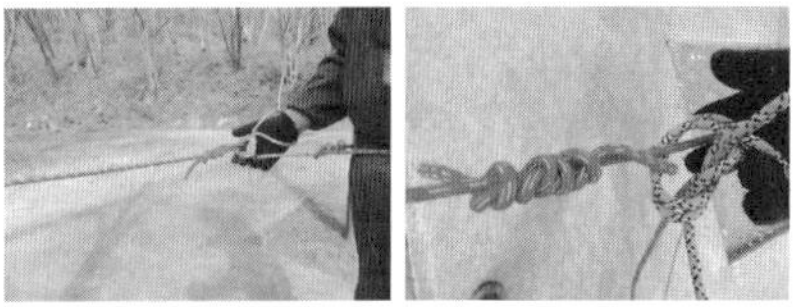

通過する方法。連結したロープを通過するときに、プルージックを応用した方法でメーンロープを通す。手を離して荷重が掛かるとロープが締まる。メーンロープと繋がっているので安心

Dセフではストレッチから始まり、基本歩行、3点支持法、ロープワークを一通り行う。写真は土手の斜面を利用した歩行訓練。住まいの近くで、総合的に訓練できるマイ・ゲレンデを持つとよい

Dセフの6つのキーワード

作業の名称	目的と名称の説明	ロープの結び方や使い方と名称の説明
①体にロープを結ぶ	Dセフでは、「安全ベルト(ハーネス)」は使わずにロープで代用する。それには右記の2つの結び方がある。自分の体に結ぶことをセルフ・ビレイ、相手と結び合うことをアンザイレンという。	ブーリン(もやい結び)、エイトノット(8の字結び)などの結び方がある。「末端処理」とはロープの安全処理の仕方で2つの意味がある。1つは結んだ後の末端をさらに結んで止めること。もう1つはロープの切り口をライターなどであぶり、溶かして固めること。
②ロープを繋ぐ	Dセフでは10㍍のロープを使うので、必要に応じて長く繋げることになる。	ダブル・フィッシャーマン・ノット(テングス結びの2重結び)
③支点を取る	立ち木や人が上部や下部、両サイドで、ロープを止める支点をつくる。	マスト結び。腰がらみは座った状態で腰のまわりにロープを回し、摩擦でロープの流れを止める方法。
④ロープを張る	難所の両端や増水した沢の両岸にロープを張る。これをフィックス(設置固定)すると言う。	マスト結び(立ち木に結ぶ方法)
⑤確保する	移動する相手をロープで支える。滑ったり転んだりした場合に止める行動。ビレイ(確保)するとも言う。	グリップ・ビレイは手でつかんでロープの流れを止める方法。腰がらみは「支点を取る」で説明した。
⑥通過する	増水した沢や岩場などの難所でロープに頼って通過する方法。ロープ10㍍を繋いで長くして使用する。もし流されてもメーンロープに繋がっている状態にする。手首でロープをつかめるプルージック(右記)を応用した技術。	プルージックとは、メーンのロープに細い輪のロープを絡めて、荷重が掛かると締まるようにセットする方法。多種あるが、ここでは簡単な方法を使う(199㌻の写真参照)。

第四章

災害時に生かす
アウトドアの知識・技術

震災後、銭湯に並ぶ人の列

自分の生命を守る

「ヘッドランプがあってよかった」「登山道具で助かった」。二〇一一年三月に起きた東日本大震災の後に登山仲間と会うたびに聞いた言葉である。寒い時期でもあったので防寒着やシュラフなどが身を守った。登山用の非常食や燃焼器、ガスボンベも救いになった。日頃から登山やキャンプを行っている経験から、被災後の不安、不便に対して冷静さを維持できた人も多い。

災害時には、その瞬間から便利な生活を失い、危険、不安、不便な状態に陥る。それぞれが防災の準備として行ってきたことが試される。準備したつもりでも、人から言われ、よく理解せずに備えたものは身に付いていないだろうし、役にも立たない。この未曾有の災害を経験して、誰しもが災害への「備え」の必要性を再認識した。

私は長年続けて来た登山の中で、岩登りや沢登りで身を守ることを学んできた。ヒマラヤ登山では、雪崩に巻き込まれて九死に一生を得た。そのときは大けがをしてラクダの背で運ばれ、中国の奥地から帰国した。インドでは二十日間ほど野営しながら大河をボートで下り、激流で転覆した。戒厳令下の都市にいたこともあるし、風土病や伝染病がまん延する環境下で生活したこともある。そのような経験から、安全登山やアウトドアの危険回避が、普段の生活や災害時にも役に立つと考え、主宰する登山講座で話してきた。今回の震災を機にあらためて、アウトドアの知識や技術、用品が、どのように役に立つのか考えてみたい。

海外も含め遠方に出掛ける機会が多い生活をしてきたが、宮城県で発生した大きい地震は、どれも体験することになった。

一九七八年六月十二日に起きた宮城県沖地震〈マグニチュード〈M〉7・5〉のとき、私は二十八歳で生協に勤務していた。仙台市中心部に近い店内で、石巻店の担当者と電話中だった。店内のほとんどの品物が棚から崩れ落ちた。

二〇〇八年六月十四日午前八時四十三分、岩手・宮城内陸地震〈マグニチュード〈M〉7・2〉が発生したときは、震源地に近い栗駒山系の山に向かう車中にいた。大きな揺れに一時は車を路端に止めたが、大丈夫だと思って車を走らせた。しかしラジオから深刻な状況が伝わってきて、急いで引き返した。障がい者のための福祉登山だったので、普段の登山よりも出発時間が遅かったのが幸いした。山奥に入っていたら、山中で被災していたかもしれない。

今回の大震災のときは仙台市宮城野区の自宅にいた。ライフラインや物流が回復する二週間程度は、備蓄してあった食料や飲料水と登山用の燃焼器具などを使い、生活面ではさほど不便を感じないでしのげた。登山をやっていたおかげだったと思う。

大きな被災地となった宮城県気仙沼市には私の娘夫婦と二人の子供たちが四世代家族で住んでいた。少し高台に住んでいて、何とか難を逃れたので安堵したが、周辺は大変な状態だった。私は仙台で支援活動を行いながら次々と判明する被災時の情報と向き合っていくうち、明暗を分けた被災者の行動や状況を知った。そして避難所での生活や防災のあり方などを知るにつれ、私ならどうしただろうと思った。登山を通して得た経験を基に、災害や事故への対応を考えてみた。

自助、共助、公助という災害時のキーワードがある。自分の生命を守る、地域で助け合う、行政などの支援を受けることであるが、ここでは自分の生命を守るという観点から、①瞬時対応②避難対応③避難所滞在——の三段階を考えてみた。

(1) 瞬時対応

「瞬時対応」とは災害に遭ったときの数秒、数分のことだ。地震の訓練では、落下物から身を守るため机の下に潜る光景が見られる。それは机がある環境でのこと。日頃から、瞬時に頭を守るための工夫や備えをしておくことが大事だ。私は登山用のヘルメットを常時、身近に置いている。余震も含めて何度も着用したので、すぐに被る習慣が身に付いている。工事用のヘルメットは千数百円と高くない。この機会に備えておくとよい。厚手の帽子でも、防災セットとして販売されている防災頭巾でもいいが、袋に入れたままでは間に合わない。すぐ取り出せるように、軍手とセットにして居間や台所など数ヵ所に置いておくことを勧める。登山では緊急時に風呂敷の活用を勧めている。頭から被って首まで覆うことができるので防寒になるし、クッション性のあるものを入れて被れば頭の保護になる。けがの処置にも使えるので、災害時にも役に立つと思う。

津波では多くの人が波にさらわれた。沿岸や河川近くに住む人や仕事をしている人は、身近にライフジャケットを準備すべきだ。私は登山の経路で河川に沿った道を車で移動することが多いので、以前から車中にライフジャケットを常備している。水の事故に遭遇したとき役立てるためだ。海や河川、湖沼などの水辺で暮らす家々では、準備さえしていれば、イザというときに心強い。地域の水難救助に対しての意識が高まればいいと思う。

大震災では、水に流された後に電柱や建物、屋根にしがみついて助かった人もいたが、寒さで低体温症に見舞われた。三月だったからと思うかもしれないが、水に濡れて疲労した体には夏でも同じことが起きる。ライフジャケットに最低限の防水対策をした着替えを入れて、同時に持ち出せればいいいと思う。私は登山の際、必ず着替えの下着を持参している。雨や汗で濡れた状態でビバーク(野営)することになったときの備えでもある。

今回の津波では水圧、水流、がれきなどで体を傷め、多くの人が亡くなった。今後、浮き輪なども含め、素早く身に付けられて身体を守り、水から上がった後も対応できるような水難の防備用具を開発すべきだと思う。

（2） 避難対応

「避難対応」は地震が収まった後の、次の行動だ。揺れが落ち着いた後、建物から出る方がいいかどうかの判断がある。崩壊の危険があれば出るべきだし、建物のガラスの落下の危険から外に出ない方がいいとする指導もある。周囲の火事などの心配もあるし、まず外の様子を見ることが必要だろう。それからの判断となる。

指定された避難所があるが、まずはすぐに避難できる場所に移動すべきだ。都市部では公園や駐車場など広い場所であれば周囲を見渡せるし、近所の人も集まり情報交換や助け合うこともできる。最近は乾電池式のラジオを持たない家が多い。電気が途絶えればテレビが見られず情報が伝わらない。私は登山用のラジオを持っていたし、車から電源が取れるようになっているので、ワンゼグテレビも見ることができた。地震後に自宅から外に出て不安がる人に情報を伝えたりもできた。小型のラジオは必携だ。

交通網が止まり自宅に歩いて帰る帰宅困難者も多かった。歩き慣れていないと、長時間歩くのは大変だ。山歩きをする人は数時間でも平気だし、休みながらなら一～二日間でも歩き通せると思う。車や電車で移動する習慣から離れ、たまには歩いてゆっくり街を眺めることも、健康維持と同時に災害に対しての備えになると思う。

津波は地震の後に襲ってくる。地震直後に避難した人と動かない人、戻った人などがあって明暗を分けたが、避難しないでよかったという例は皆無だ。津波到来まで数分かもしれないし、数十分かもしれないが、地震後は間髪を入れずにひたすら高台に避難するしかない。三陸沿岸では、古くから「てんでこに……」という教えが伝わっていた。「てんでんバラバラ」のことで、人には構わず逃げろということだ。登山でも岩場や急な雪稜など、お互いに助け合うことができない場面では、ザイルを解いてフリーになる判断をする。最後は自分の身を守ることだけに専念する。家族や親族の身の上もある。自分だけ逃げることへの難しい判断に迫られようが、震災の教訓が生かされることを願う。

逃げる場所は事前に決めておき、時々歩いてみたい。急な斜面は敬遠されがちだが、登山では「高度を稼ぐ」といった言い方があり、効率がよいこともある。足場を切っておくとかロープを付けておくといった工夫で、裏山を整備しておくのも一つの方法だ。歩けない人や車椅子の人もいる。一律ではなく、個別に避難手段を考慮しておくべきだ。

(3) 避難所滞在

「避難所滞在」では暖房や生活物資の不足、医療の対応、ストレスによる病死、自殺など、さまざまな問題が出てくる。個人の力で解決できないことも多いが、運動不足による弊害を防ぐことは、簡単にできる。避難所での運動不足解消にと、ノルディック・ウオークを指導しているテレビ報道があった。二本のストックは歩行を安定させる。急な坂道をゆっくり登る八十歳代の女性の姿が印象的だった。

防災用品を見直す

一般に流布している防災知識のなかで、以前から疑問に思っていたことがいくつかある。例えば防災袋。あれば安心なのは分かるが、そのレベルで止まっては、実際の場面では役に立たない。実践的な防災を実現するために、以下、普段考えていることをまとめてみた。

(1) 備蓄ではなく在庫管理を

災害用の備蓄として一番に水や食料が挙げられるが、家庭では備蓄というよりも「在庫を持って管理する」という考え方がいいと思う。電池など劣化する恐れのあるものも同じだ。在庫しておくものは奥に仕舞い込むのではなく、目に付く場所にストックし、時々は使用して補給しておけば、期限切れの心配がない。

登山のときに水は必要なので、私は五百ミリリットルの水を複数種類、多めに買って切らすことはない。飲料ではない非常用の水は空いたペットボトルに水道水を入れて保管している。近年、高齢者の熱中症が問題になった。いつも身近に水を置くことで、健康面での水分補給と災害用の両面で活用したい。

どのように点検、補充、消費するかは家族で相談し、例えば九月一日の防災の日や、忘れられない日となった三月十一日など年数回、さらには月に一回、チェックする日も決めておこう。その際、品目、数量のリストをつくって目の付くところに貼り出しておくと補充しやすい。便利な新製品が次々と発売される時代であるから、随時取り替えることも必要だ。保管してあるから安心という考え方は改めるべきだ。

(2) 防災袋を買って安心しない

販売されている防災袋には、水や非常食、ライトなど一式が入っている。しかし、売る側は売価に合った範囲で品揃えをしているだけである。家族によって人数や構成が違うので、必要性を判断して一品一品揃えるべきだ。幼児や高齢者がいる場合は用意するものも違ってくる。防災袋には「持ち出し用」と表記されているが、セット品が入るだけのことで小さすぎると思う。容量が小さいとものが入らないだけでなく、取り出すのも不便だ。防災用品として、何が必要かを考えて準備し、それに合った容量のザックやナップザックなどを準備すべきだ。

(3) 保存食を再検討する

保存食といえば乾燥米、乾パンが昔からの定番である。乾燥米は一度炊いたご飯を熱乾燥や冷凍乾燥にしたものでアルファ米と呼ばれている。加熱して糊化(アルファ化)しているから、お湯や水でも戻して食べることができる。乾パンは軍隊や登山者の携行食として用いられてきたが、もう登山で持参する人は少ないだろう。行政で備える品は効率よく管理でき低価格——といったことが基準になるので乾パンが多いのかもしれないが、見習う必要はない。

災害時の食料として数日分と考えた場合、必ずしもご飯をつくって食べなくてもよいのではないだろうか。家族が好むもので、保管が可能なものを飲料水同様に常に在庫しておき、適宜回転させたらいい。レトルト食品のおかゆ、雑炊、缶詰類もある。固形食品として餅やビスケット類もある。ドライフルーツ、蜂蜜、粉ミルク、栄養補助食品など選択種を広げ、楽しみながら災害用の備蓄ができればいいと思う。

(4) 重宝するヘッドランプ

停電に備え、近年はＬＥＤライトをはじめ、充電式、ハンドル式、ソーラータイプなど多種のライトが開発されている。登山仲間は、今回の東日本大震災で、ヘッドランプ(頭に付けるライト)の便利さを再認識したという。登山では必携品であるが、一般の生活ではあまり縁がないかもしれない。両手が使えるので、子どもの手を引いたり、作業をしたり、移動するにも便利だ。ぜひ備品として用意しておきたい。コンパクト設計のため、ケースに電池を入れにくいものもあるので、必ず試しに電池交換をしてみよう。電池は単3と単4タイプがあるが、私は単3が一本だけのシンプルなものを使っている。電池は入れたままにしておくと放電したり、腐食したりする場合もある。入れないでパックのまま保存しておくという判断もあるが、イザというときに暗闇で電池をセットできるかどうかの問題もある。私は「プラス極」と「マイナス極」が接触しないよう、ビニールテープなどで絶縁し、使うときに外すようにしている。

持ち歩きに便利なミニ・ライトという小さい種類もある。電池は単4やボタン式でペンライトやキーホルダー式もある。光量は少ないが手元を見たりするのに便利だ。ホイッスルと組み合わせたタイプもある。ホイッスルは緊急連絡や遠くに呼び掛けるときに役立つ。登山でもいろいろな使い方があるので、私には欠かせないものの一つだ。

登山の必携品としてロウソクを持参した時代もあったが、私はライトと予備の電池があれば不要だと思っている。家の中でも余震などを考えれば、ロウソクで明かりを得るのは危険だ。しっかりライトの準備をしておきたい。

（5）サバイバルとは違う

災害対応とサバイバルゲームを混同してはいないだろうか。アルミ缶でご飯を炊くことは、近年、防災科学の研究者が考案して広まったらしいが、大震災でアルミ缶ご飯をどれほどの人が活用しただろうか。子どもの教育として火を起こす技術や石の包丁で調理するなどの古代生活の体験をするのはいいが、災害時の知恵とするには無理がある。キャンプでの飯盒《はんごう》炊さんも同様だ。防災訓練を主催する側はサバイバルとの区別をし、時代に合った新しい情報で現実的なことをレクチャーすべきだ。

噴火への対策、備えを

登山者として気になるのが山の噴火だ。一八八八年に磐梯山の大噴火があった。磐梯山麓の裏磐梯にある噴火記念館で、その様子を具体的に知ることができる。近年、浅間山、岩手山などが噴火活動で登山禁止になった。安達太良山の沼の平で火山ガスが発生し、登山者が死亡した事故も記憶に新しい。

磐梯山大噴火の七年後、一八九五年二月十五日に蔵王でも大噴火が起きた。「二月十二日頃から火口付近に有感地震があり、十五日に爆発し、鳴動、白煙。御釜が沸騰し川魚被害。十九日にも爆発、鳴動、御釜沸騰、河川増水、有毒ガス発生。三月二十二日に白石川洪水。八月二十二日降灰。九月二十七日、二十八日爆発、降灰」との記録がある。山麓集落が埋没し、四百七十七人の死者が出た大被害であった。この時代、山麓の人々に限らず、東北の人々に大きな恐怖と不安が広がったと思う。

蔵王山の噴火の歴史をたどると、一二三〇年（寛喜二年）十一月二十九日、「噴火、噴石により人畜に被害多数」の記録がある。一三〇〇年代に二回、一六〇〇年代には十回噴火。一六九四年

（元禄七年）五月二十九日の噴火では神社が焼失、八月三十日には「地震、河川毒水化、川魚死ぬ」との記述がある。その後、噴火、噴煙、震動、鳴動などの現象が一七〇〇年代は二回、一八〇〇年代には十三回、一九〇〇年代には十一回あった。二〇〇〇年代は現在まで何も起きていない。この記録は気象庁のホームページと、山形、宮城両県で組織する「蔵王火山防災マップ検討委員会」のホームページで見ることができる。

二〇一一年一月、鹿児島県と宮崎県にまたがる霧島連山の新燃岳が噴火したニュースが流れた。五十二年ぶりの爆発的噴火であるという。降灰の被害が続き、噴火は収まらない。新燃岳の火口湖、新燃池の色は、かつて蔵王のお釜と同じ美しいエメラルドグリーンだったそうだが、二〇〇九年四月に茶色に変色したようだ。いたずらに不安をあおるつもりはないが、蔵王に親しむ登山者として以前から強い関心を持っていたので、この機会に紹介した。歴史的な事実を知ってもらい対策を考えるべきときだと思っている。

子どもを守るには、どうすべきか

東日本大震災では児童の犠牲が多かった。「どうして裏山に引率しなかったのか」と責任を問う声がある。小中学校に迎えに来て帰宅した家族が亡くなり、学校に残って助かった生徒の例もあった。地震、津波に対し、社会全体の防災に対する意識や判断が不足していたと思う。今後、一つ一つ検証し、教訓として対策を考えなければならない。

避難するということは、急な坂道であろうと、道がなかろうと、足場が悪かろうと、登らなければばならないのだ。登山、アウトドアでは、そのような急斜面、難所、危険個所に対応する知識がある。

フィールドアスレチックは野外で丸太やロープの遊具を使って子どもたちが遊ぶ施設だ。そのような遊具を利用するなどして災害避難を取り入れた訓練を、教育の一つとして行うのも方法だと思う。

河川や貯水池での水の事故が絶えない。自然の中での遊び方と同時に危険もしっかりと教えるべきだ。しかし、親が認識していなければ子どもには伝わらない。アウトドアを楽しむためにテントや道具を整え、お決まりのバーベキューとなると、家の庭先でやる遊びや食事の延長になってしまいがちだ。その子が親になり、また繰り返すことになる。キャンプは、登山や旅行をするための宿泊術で、できるだけ質素に野外で生活することだと思っている。体験することで何が必要で、何が必要でないかが分かる。普通とは違う自然の中の生活は、楽しさだけでなくリスクもある。そんな本当のキャンプとアウトドアの知識、知恵、技術を親子、家族で知ってほしい。

災害に対することを主に記してきたが、生活上の事故にも、安全確認や危険回避の点で、登山、アウトドアの知識が役立つと思っている。私は福祉登山として障がい者、高齢者、子どもも参加できる企画を十年間続けてきた。安全、福祉、災害対応が加わり、新たなアウトドアの概念ができて一般に浸透することを望んでいる。

山の魅力~あとがきに代えて

深雪をひたすら歩く。後ろには輪カンジキの足跡が延々と残る。これを登山用語ではトレースと呼ぶ。雪山に登山者が印す美しい景観の一つだ。私のトレースを振り返りながら、山の魅力を紹介したいと思う。

スキー板を担いでスキー場を登ってはゲレンデを滑る。これを何度も繰り返す。私の登山の始まりだった。登る呼吸のリズムと爽快感が楽しかった。実はスキー板を担いでいたのはリフト代を惜しんでのことだったが、汗をかくほどの運動と、登るに従って広がる展望に魅せられていった。

その後一人で夏山を登るようになったが、雪山も登りたくてピッケルを買った。十九歳のときだ。冬山は独りでは無理と感じて社会人の山岳会に入れてもらった。その冬は蔵王の不忘山（一、七〇五・三メートル）に登った。吹雪で何も見えない山頂だったが、強風と寒さも新鮮な体験だった。まさに忘れずの山となった不忘山は、その後一番多く登ることになる。登山は景色を楽しむこと以外に、自然の厳しさにも耐えて、知識と技術で頂を目指す達成感があることを知った。

二十歳前後の登山は雪山と沢登りが多かった。沢登りは登山道ではなく流水の中を登る。今は専用の靴があるが、当時は「地下足袋とワラジ」の姿でヒタヒタと登り、沢の美しい景観や滝に出合った。沢の中は見通しが利かない。展望で位置を知ることはできないから、自分の現在地と登ろうとする方向を、何度も地図とコンパスで確認する。読みを間違えば迷うので、まさに真剣勝負だった。源流から源頭へ、最後の水の一滴を過ぎて藪の中に入る。これを「藪漕ぎ」という。入り組んだ樹木の中を腕力も使って全身で登る。予想通りの夏道に出ればゴールとなる。この沢登りは、道なき道を全て自分の判断力で登る面白さがあった。進む道はすべて沢床で、岩場や滝も登るのでヘルメット、ザイルなどの登攀用具は欠かせない。徐々に岩登りにも興味を持つようになって、その後十年ほどは岩登りに熱中することになる。急峻な壁やリッジ(尾根状に張り出したところ)を登るとき、空中に飛び出すような感覚があった。一つのミスも許されない行動判断と、一つ一つの技を身に付けることは、楽しかった。

仙台の作並にある「鎌倉山」は身近な岩場のゲレンデとして知られる。私は一時「夜行朝帰り」と称して独りトレーニングに励んだ。仕事が終わってから仙山線の最終列車に乗って作並駅へ。ヘッドランプで歩いて鎌倉山の岩場の下まで行って泊まる。マットを敷いてツェルトを被るだけのビバークだ。いつもムササビが挨拶に来た。翌朝、岩登りの練習をして列車で戻り職場に出る。これをしばらく繰り返した。岩登りがうまくなりたいと願った二十三歳の頃である。

冬は樹氷を見るために登った。一番思い出に残っているのは月明かりの中を独りで登った不忘山だ。風もなく、ライトも必要ないほどの月光だった。下で雪洞を掘って泊まるつもりでいたが、あまりにも快適だったので登り続け、真夜中の十二時を回った頃、屏風岳の山頂に着いた。樹氷の根元を掘ってその中に寝て、翌日刈田峠に降りた。刈田峠の樹氷群は私が好きな風景の一つで、毎年のように登っている。

「オールラウンドに登る」という表現がある。岩登り、沢登り、冬山登山、一般ルートも含めて一通りの登山をすることをいう。それぞれに独自の魅力と楽しみがある。私はその全てを体験することができてよかったと思っている。

岩登りを始めた頃、仲間でヒマラヤのことが話題になり、私も興味を持つようになる。二十五歳で初めてネパール・ヒマラヤの登山をするが、準備はその二年前から始まり、プロジェクトとして取り組む登山を知った。三年後はインド・ヒマラヤで二つの登山をして、そのまま一人現地に残ってアフガニスタンにまで足を延ばす。異国を自由に旅する「山旅」の面白さを味わい、ヨーロッパを回って世界一周をしようと思っていた矢先、次のヒマラヤ登山計画の誘いがあったので帰国することになった。ちょうど「異邦人」という歌がはやっていた頃で、メロディーが醸し出す雰囲気に現地が思い出された。

アフガニスタンのバーミアンには当時、世界で一番大きいといわれた仏像が二体（五十五メートルと三十八メートル）、断崖に掘られていた。七世紀に玄奘三蔵が記した「大唐西域記」に書き残されている仏像だが、二〇〇一年に破壊された。私は仏像のそばの宿舎に泊まって付近の山に登った。アジアとヨーロッパの「文明の十字路」とも呼ばれる場所で、壮大な歴史と文化に触れることができた二十八歳の旅だった。

以来、私の登山観はヒマラヤ全体に大きく広がり、それからはヒマラヤを登ることを目標に、生活の全てを山に賭けた。私は当時、テレビを持っていなかった。買えないからではない。山の本を読む時間がほしかったからだ。生活が厳しくとも本だけは買った。登山に関連する地図、地形、地質、気象やヒマラヤ諸国の歴史、文化なども知りたくて図書館にも通った。

私がヒマラヤ登山に強い興味を持ったのはアジアの探険史に引かれた面もあった。探険の記録をたくさん読んだ。民族文化にも興味を持った。初めて登山隊長を務めた一九八六年のチベット登山では、登山後に現地で遊牧民の衣装や生活用具、仏具、ヤクで編んだテントなどを買って持ち帰った。一九八九年の中国西部の登山では天山山脈の山麓からパオや馬具を購入した。これらを登山報告展で展示した後は、東北歴史資料館（現東北歴史博物館）に寄贈した。ヒマラヤの民族文化に触れたことで、その後、逆に日本の歴史と文化に興味を持つようになる。

「登山はスポーツか?」という議論は昔からある。登山はスポーツ的な面と文化的な面がある。文学的面もあるとも言える。山を写真や絵、文学で表現する人も多い。野生の動植物、鉱物、地質に興味を持つ人もいる。登山のきっかけは人それぞれで、興味を持つこともさまざまであっていいと思う。

実は、五十歳を過ぎて登山講座を開催するようになってから、受講者の方々に植物の名前を教わったりしているうち、高山植物に興味を持ち始めた。今は「フラワー・トレッキング」と称して、植物を楽しむために月に五、六回山に出掛ける。一応、私が登山の講師だが、参加者の方が詳しいので教わっている。山菜やキノコに詳しい人もいる。渓流釣りをする人もいる。どちらも登山とは違うが舞台は同じである。山の恵みはたくさんあるが、私にとっては、どれも今後の課題である。

昔から「森林浴」という言葉は知られている。「体によい」「ストレス解消によい」とか、「緑が目によい」「酸素が濃い」とも言われる。本当だろうか?

森林浴の効果は科学的なものより、精神的なものが大きいとの見方もある。気候や自分のコンディションにもよるのでいつもということではないが、確かに森に入れば気分がいい。私はヒマラヤの七、〇〇〇~八、〇〇〇メートル峰を何度も登ってきたので、標高差での自然環境や酸素の段階的変化の体験がある。登山が終わって里に戻るに従い感じる草原の風や草木の香り、空気の旨さは格別で、体がみるみる蘇る感覚を味わえる。これは極端な例だが、緑と酸素のありがたさを知る機会を得ている。

森林セラピーの研究は始まったばかりだ。二〇〇四年から林野庁も含めた関連団体により研究機関が設置され、自然科学、人文科学、医学などの各分野の研究と実験を重ねている。私も個人的に数年前から関心を持って、テキストを準備して勉強中である。「ストレスとはなんぞや？」から始まり、森林浴効果を検査、検証する医学的なこと、森林形態の基礎知識、植物から発散される物質の応用活動、森林浴効果の高い場所の安全や救急手当て、登山知識も必要である。カウンセリングや心理療法の知識も含まれる。検査、測定では脳波、唾液、心拍の変動、心理的調査のデータを基に、リラックス効果を数値で表すこともできるので、森林浴が人間に与える影響の科学的根拠が示されるようになってきた。

樹木が発散するフィトンチッドは殺菌力、免疫力があり、森林浴効果を高めるといわれている。もしかしたら、自分自身がそれらの効果を無意識に求めて、山登りを続けてきたのかもしれないとも思っている。

「山に居れば里を想い、里に居れば山を想う」という言葉がある。私が登山を続けている気持ちをよく表している。登山が好きでも、毎日のように出掛けたいわけではない。山に住みたいわけでもないが、登られずにいられない。

六十歳を過ぎたら、生活の大半は海外に出て旅することを考えていた。しかし、東日本大震災の後、私の心境に変化があった。日本の山々をもっと知りたい。「最後の秘境は日本」の意味が分かってきたように思う。

二〇一二年四月

著　者

八嶋　寛（やしま・ひろし）
●1950年生まれ、仙台市出身。
●東北高校卒、東北学院大中退。会社役員。東北アウトドア情報センター代表。日本ヒマラヤ協会会員、日本山岳会会員。
●18歳で登山を始め、25歳でネパール・ヒマラヤ登山。以後、世界各国の山々を登り続け、2000年にチョモランマ（エベレスト）に登山隊長として登頂した。2001年に東北アウトドア情報センター（略称TOI）を発足。登山講座や福祉登山を開催しながら「安全登山」の研究と啓蒙活動を続けている。
●著書に「宮城・山形・福島　南東北の山歩き」（河北新報出版センター）。その他、ヒマラヤ登山関連の報告書など共著・編集多数。

中高年のための
安全登山のすすめ

発　行　　2012年4月29日　第1刷
著　者　　八嶋　寛
発行者　　釜萢　正幸
発行所　　河北新報出版センター
〒980-0022
仙台市青葉区五橋一丁目2-28
河北新報総合サービス内
TEL　022(214)3811
FAX　022(227)7666
http://www.kahoku-ss.co.jp
印刷所　　山口北州印刷株式会社

定価は表紙に表示してあります。
乱丁、落丁本はお取り替えいたします。

ISBN　978-4-87341-275-7

河北選書

四六判／各840円（税込）

祈りの街

仙台三十三観音を訪ねる

横山　寛著

1番札所「法楽院観音堂」から、おおむね時計回りに仙台城下や旧名取郡の札所を巡って、33番札所「大蔵寺観音堂」に戻る小さな旅。
33の姿に身を変えて人々を救うと伝えられる観音様。仙台三十三観音巡りは、元禄時代に始まったとされる。300年の時を経て、今に伝わる観音様や観音様を大切に守ってきた街を訪ね、歴史や文化、人々の暮らしぶりに触れた。

172ページ

増刷

せんだい 歴史の窓

菅野　正道著

仙台の歴史というと、誰もが伊達政宗を思い浮かべる。政宗が傑出して魅力的な人物であることは否定しないが、彼があまりにキラキラとまぶしいため、ほかのことが見えにくくなっていないだろうか。政宗のまぶしさからちょっと離れ、仙台の歴史を、視点を変えて眺めたい。

226ページ

増刷

みやぎ地名の旅

太宰　幸子著

地名にはさまざまな由来がある。地形や地質を表すものをはじめ、金属由来、災害や崩壊、アイヌ語、職業、信仰に関するものなど。本書は、宮城県内35市町村にある165の地名を取り上げ、なぜこうした呼び名が付いたのかを、由来別に解説している。普段、何気なく呼んでいる地名にはいろんな〝秘密〟がある。

212ページ

河北選書

四六判／各840円（税込）

増刷

ラジオがつないだ命

FM石巻と東日本大震災

鈴木 孝也著

東日本大震災直後、地域FM局の「ラジオ石巻」に生死の境をさまよう状況に置かれた人々からの、SOSメールが相次いだ。

情報が寸断される中、ラジオが人と人をつないだ。ラジオの電波に〝駆け込んだ〟被災者らの「あの時」を振り返る。

152ページ

増刷

寄り添い支える

公立志津川病院　若き内科医の3・11

菅野 武著

内科医菅野武さんは東日本大震災の際、南三陸町の公立志津川病院で巨大津波に襲われた。死を覚悟せざるを得ない状況に置かれてなお、救出を待ちながら患者に寄り添い支えた医師の壮絶な記録。

184ページ

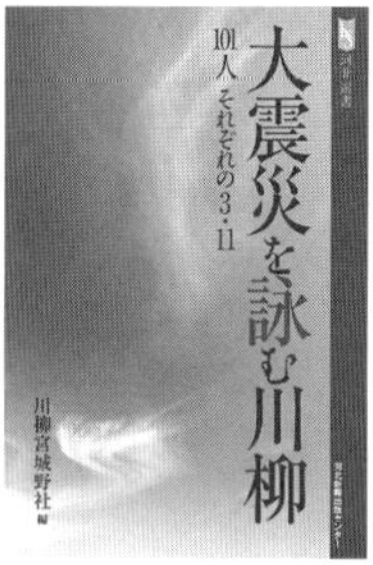

大震災を詠む川柳

101人それぞれの3・11

川柳宮城野社編

東日本大震災後の「ぼうぜん自失」から生まれた川柳は、被災者の本音が表現されている。心に深い傷を負った人たち101人が、17文字に気持ちを込めて詠み、併せて被災体験をつづった。

220ページ